Vittorio Serra

Florenz
Neuer praktischer Stadtführer

190 Farbfotos
Nützliche Hinweise
Stadtplan

BONECHI EDIZIONI "IL TURISMO"

INHALT

BIBLIOTHEKEN:
- Nationalbibliothek........ Seite » 109
- Biblioteca Laurenziana .... » 24

BRÜCKEN
- Ponte di Santa Trinita .... » 82
- Ponte Vecchio .... » 60

KAPELLEN
- Brancacci-Kapelle .... » 76
- Medici-Kapellen............. » 25
- Pazzi-Kapelle .... » 108

KIRCHEN
- Badia Fiorentina .... » 102
- Baptisterium................ » 6
- Dom (Santa Maria del Fiore) .. » 13
- Ognissanti .... » 84
- Orsanmichele............... » 29
- San Gaetano .... » 79
- San Lorenzo .... » 22
- San Marco .... » 89
- San Miniato al Monte........ » 111
- San Salvatore al Monte....... » 111
- San Pier Scheraggio.......... » 45
- Santa Croce................ » 104
- Santa Felicita .... » 61
- Santa Maria del Carmine ..... » 75
- Santa Maria Maggiore........ » 79
- Santa Maria Novella .... » 85
- Santa Trinita .... » 81
- Santissima Annunziata .... » 94
- Santi Apostoli .... » 84
- Santo Spirito .... » 74
- Santo Stefano al Ponte .... » 60

LOGGIEN
- Loggia del Bigallo .... » 12
- Loggia dei Lanzi .... » 32
- Loggia del Mercato Nuovo.... » 59
- San Paolo .... » 84

MUSEEN UND GALLERIEN
- Accademia (Akademiemuseum) » 91
- Archäologisches Museum..... » 96
- Bargello .... » 100
- Dommuseum .... » 18
- Galleria Palatina (Palazzo Pitti). » 64
- Kutschen-Museum........... » 71
- Museum für Anthropologie ... » 99
- Museum für Moderne Kunst... » 70
- Museum für Musikinstrumente » 42
- Museum San Marco .... » 90
- Museum Santa Croce .... » 108
- Sammlung Loeser .... » 42
- Silbermuseum .... » 70
- Uffizien..................... » 43

PALÄSTE
- Palazzo Bartolini Salimbeni... » 80
- Palazzo Corsi .... » 79
- Palazzo Davanzati .... » 83
- Palazzo degli Antinori........ » 79
- Palazzo dei Servi di Maria..... » 93
- Palazzo del Bargello .... » 99
- Palazzo dell'Antella .... » 103
- Palazzo dell'Arte della Lana ... » 30
- Palazzo Gondi .... » 99
- Palazzo Larderel .... » 79
- Palazzo Medici-Riccardi ...... » 20
- Palazzo Nonfinito .... » 99
- Palazzo Pitti .... » 62
- Palazzo Spini - Ferroni .... » 80
- Palazzo Strozzi.............. » 80
- Palazzo Viviani (früher Della Robbia) » 79
- Parte Guelfa .... » 59
- Signoria (Palazzo Vecchio) .... » 37

PLÄTZE
- Domplatz (Piazza del Duomo). » 5
- Piazza Antinori .... » 79
- Piazza del Carmine .... » 75
- Piazza della Repubblica ..... » 59
- Piazza della Signoria .... » 31
- Piazza Ognissanti........... » 84
- Piazza San Firenze.......... » 99
- Piazza San Lorenzo.......... » 21
- Piazza San Marco .... » 89
- Piazza Santa Croce .... » 103
- Piazza Santa Maria Novella ... » 84
- Piazza Santa Trinita......... » 80
- Piazza Santo Spirito......... » 73
- Piazza Santissima Annunziata.. » 93
- Piazzale Michelangelo........ » 111

SEHENSWÜRDIGKEITEN ALLGEMEIN
- Boboli-Gärten .... » 72
- Campanile von Giotto........ » 12
- Casa Buonarroti (Michelangelo). » 102
- Casa di Dante (Dante-Haus).... » 99
- Cenacolo di Santo Spirito ...... » 75
- Forte di Belvedere .... » 113
- Kreuzgang Sant'Antonino ...... » 90
- Neptunsbrunnen.............. » 34
- Synagoge .... » 97
- Waisenhaus (Spedale degli Innocenti) » 95

STRASSEN
- Via Cavour.................. » 89
- Via dei Calzaiuoli............. » 12
- Via dei Cerretani .... » 79
- Via de' Martelli .... » 19
- Via del Proconsolo .... » 99
- Via Guicciardini.............. » 61
- Via Por Santa Maria .... » 60
- Via San Leonardo .... » 113
- Via Tornabuoni .... » 79
- Viale dei Colli .... » 111

FIESOLE............... » 113
- Archäologisches Museum..... » 114
- Dom....................... » 113
- Museo Bandini.............. » 114

RUNDGÄNGE

PIAZZA DEL DUOMO - BAPTISTERIUM
CAMPANILE VON GIOTTO - DOM
DOMMUSEUM - PALAZZO MEDICI-RICCARDI
SAN LORENZO - BIBLIOTECA LAURENZIANA
MEDICI - KAPELLEN

Seite 4

PIAZZA DEL DUOMO - CHIESA DI ORSANMICHELE
PIAZZA DELLA SIGNORIA
LOGGIA DEI LANZI - PALAZZO VECCHIO
UFFIZIEN

Seite 28

PIAZZA DELLA REPUBBLICA
STROHMARKT - PONTE VECCHIO
PALAZZO PITTI - BOBOLI-GÄRTEN
SANTO SPIRITO - SANTA MARIA DEL CARMINE

Seite 58

PIAZZA DEL DUOMO - VIA TORNABUONI
PALAZZO STROZZI - SANTA TRINITA
PALAZZO DAVANZATI - SANTA MARIA NOVELLA

Seite 78

PIAZZA DEL DUOMO - CHIESA DI SAN MARCO
MUSEO DI SAN MARCO - GALLERIA
DELL'ACCADEMIA (AKADEMIENMUSEUM)
SANTISSIMA ANNUNZIATA
SPEDALE DEGLI INNOCENTI
ARCHÄOLOGISCHES MUSEUM

Seite 88

PIAZZA DEL DUOMO
BARGELLO - BADIA FIORENTINA -
CASA BUONARROTI
SANTA CROCE - MUSEUM SANTA CROCE

Seite 98

VIALE DEI COLLI - PIAZZALE MICHELANGELO
SAN MINIATO AL MONTE - FORTE DI BELVEDERE
FIESOLE

Seite 110

ERSTER RUNDGANG

PIAZZA DEL DUOMO - BAPTISTERIUM
CAMPANILE VON GIOTTO - DOM
DOMMUSEUM (MUSEO DELL'OPERA DEL DUOMO)
PALAZZO MEDICI-RICCARDI
SAN LORENZO - BIBLIOTECA LAURENZIANA
MEDICI-KAPELLEN

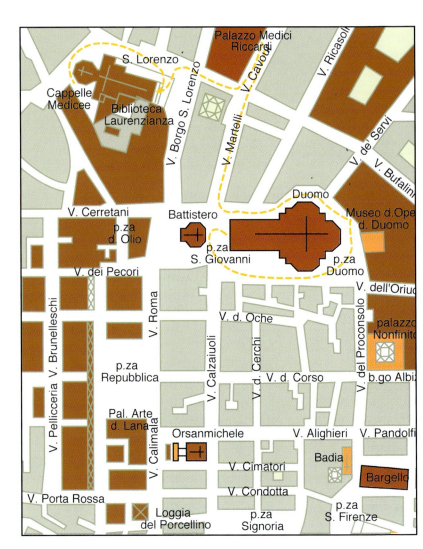

PIAZZA DEL DUOMO

Im frühen Mittelalter drängten sich an der Stelle des heutigen Domplatzes Wohnhäuser und Öffentliche Gebäude dicht aneinander. Auf einem der Fundamente begann man im 4. Jahrhundert mit dem Bau der Kirche Santa Reparata, und dreihundert Jahre später errichtete man neben der Kirche das Baptisterium. Aus diesem Kern entwickelte sich allmählich das religiöse Zentrum von Florenz. Die 1128 zur Kathedrale ernannte Kirche Santa Reparata wurde ihrer neuen repräsentativen Funktion bald nicht mehr gerecht, zumal auch die Bevölkerung wuchs, und im Jahre 1289 beschloß die Stadtregierung einen Erweiterungsbau. Die Arbeiten erfolgten im Rahmen eines umfassenden städtebaulichen Sanierungsprojektes, das die Ausdehnung der Stadtmauer, den Bau des Palazzo dei Priori (heute Palazzo Vecchio) und Umbauten an den Kirchen Santa Croce, Badia, Orsanmichele sowie am Bargello und Baptisterium vorsah. Um dem Gesamtbild einheitliche Züge zu verleihen, ernannte man einen der bedeutendsten Baumeister und Bildhauer der damaligen Zeit zum Koordinator: Arnolfo di Cambio. Durch Anhebung des Platzniveaus ebnete er das Podium ein, auf dem die Taufkapelle stand (die Pflasterung stammt aus jenen Tagen), und nach dem Abriss einiger umstehender Wohnhäuser begann er mit dem Neubau der Kathedrale, für die er eine Kuppel und eine auf das Baptisterium abgestimmte Außenverkleidung vorsah. Durch den Tod Arnolfos (1302) gerieten die Arbeiten ins Stocken, die erst mit der Errichtung des Campanile unter Giotto wieder aufgenommen wurden (1332-34). Die von Filippo Brunelleschi aufgesetzte Kuppel verlieh dem Komplex sein definitives Aussehen.

Piazza del Duomo (Luftaufnahme)

BAPTISTERIUM

Dieser den Florentinern teuerste Sakralbau, von Dante liebevoll "Bel San Giovanni" genannt, geht wahrscheinlich auf eine frühchristliche Gründung des 7. Jahrhunderts zurück. Der spätere Neubau stellt das wohl bezeichnendste Beispiel der florentinischen Romanik des 11.-12. Jahrhunderts dar. Der gleichmäßige, achteckige Grundriß, die symmetrische Unterteilung der Außenverkleidung, das harmonische Zusammenspiel der Marmorarten blieben jahrhundertelang architektonisches Leitbild für Künstler wie Arnolfo di Cambio, Giotto, Brunelleschi, Alberti, Leonardo da Vinci und Michelangelo. Drei herrliche Bronzeportale führen ins Innere. Das **Südportal** schuf Andrea di Pisano (um 1330); es besteht aus 28 Feldern, die aus dem *Leben des Täufers* erzählen; der Bronzerahmen stammt von Vittorio Ghiberti (Sohn von Lorenzo Ghiberti, 1452). Das **Nordportal** wurde von Lorenzo Ghiberti zwischen 1403 und 1424 ausgeführt, nachdem er aus einem Wettbewerb, an dem auch Brunelleschi teilnahm, als Sieger hervorgegangen war. Die 28 Tafeln stellen *Episoden aus dem Leben Christi* dar. Das Ostportal, die weltberühmte **Paradiestüre**, ist ebenfalls ein Werk Ghibertis aus der Zeit von 1425 bis 1452; es setzt sich aus 10 vergoldeten Relieffeldern mit dichten *Szenen aus dem Alten Testament* zusammen. Ein glattes Pyramidendach mit kronender Laterne bildet den Abschluß. Das **Innere** der Taufkapelle greift den achteckigen Grundriß der Außenmauern, die Marmorverkleidung und Dreiteilung der Wände mit hochgezogenen Säulen auf, oberhalb des Gebälks verlaufen die Biforien der Empore. In der Mitte des wunderschönen intarsierten Marmorbodens stand einst ein *Taufbecken* (Dante Alighieri erwähnt es in seiner Göttlichen

Baptisterium: *Außenansicht*; Abbildung unten: *Luftaufnahme des Baptisteriums*. Folgende Seite: *Lorenzo Ghiberti*: *Paradiestür*

Lorenzo Ghiberti

Erschaffung Adams und Evas. -Die Erbsünde. - Vertreibung aus dem Paradies.

Geschichte Noahs: -Die Familie verläßt die Arche nach der Sintflut. -Noah dankt dem Herrn, der als Zeichen des Friedens einen Regenbogen sendet. -Noahs Trunkenheit. -Noah wird von Ham verhöhnt und von Sem und Japhet verteidigt.

Geschichte Jakobs und Esaus. -Esau verkauft die Erstgeburt für ein Linsengericht. -Isaak schickt Esau auf die Jagd. -Jakob zieht sich eine Ziegenhaut über. -Isaak hält Jakob für Esau und erteilt ihm den Segen. -Jakob verläßt sein Vaterhaus.

Die Geschichte Moses': Moses empfängt von Gott die Gesetzestafeln auf dem Berge Sinai. -Aaron wartet am Fuße des Berges. -Die von Blitzen und Donnern erschreckten Juden erwarten die Rückkehr Moses' am Fuße des Berges.

Geschichte Sauls und Davids: -Saul besiegt die Philister. -David besiegt Goliath. -David bringt dem jubelnden Volk den Kopf des Goliath.

VITTORIO GHIBERTI

Adam und Eva, Kain und Abel. -Der Hirt Abel und Kain am Pflug. -Kain erschlägt Abel. - Verfluchung Kains.

Geschichte Abrahams: Sarah am Eingang des Zeltes. - Abraham erscheinen die Engel. - Abraham und Isaak auf dem Berg. -Der Engel hindert Abraham an der Opferung Isaaks.

Die Josephsgeschichte: Joseph wird an die Kaufleute verkauft und vor den Pharao geführt. - Auslegung vom Traum des Pharao. -Der goldene Becher in Benjamins Sack. -Joseph gibt sich seinen Brüdern zu erkennen und vergibt ihnen. -Joseph begegnet Jakob.

Geschichte Josuas: Josua und die Juden durchqueren den Jordan und ziehen sich vor den Verbündeten zurück. -Sie sammeln zwölf Steine zur Erinnerung. Die Mauern von Jericho stürzen unter dem Schmettern der Engelstrompeten ein.

König Salomon wird von der Königin von Saba feierlich im Tempel empfangen.

Baptisterium: *Inneres der Kuppel mit den Mosaiken*; Abbildung unten: *Detail des Christus.* Gegenüberliegende Seite: *Andrea Pisano:* **Südportal**

Kommödie), das Buontalenti im 16. Jahrhundert auf Wunsch des Großherzogs Francesco I. abreissen ließ. An den Wänden aufgereiht sehenswerte Kunstwerke: ein *Taufbecken* aus der Pisaner Schule des 14. Jahrhunderts; *das Grabmal des Gegenpapstes Johannes XXIII.* von Donatello und Michelozzo. Die *Hl. Magdalena*, eine ergreifende Holzplastik von Donatello (1435-55), befand sich früher im Baptisterium und bereichert heute das Dommuseum.

Die Mosaiken in den Kuppelzwickeln wurden Mitte des 13. bis Mitte des 14. Jahrhunderts von einheimischen und venezianer Meistern ausgeführt; die Vorlagen lieferten namhafte florentinische Künstler wie Cimabue (*Josephs-Geschichte*) und Coppo di Marcovaldo (*Christus*). Themen der großartigen Kuppeldarstellung sind das *Alte und Neue Testament* und *Das Jüngste Gericht* mit der alles beherrschenden Figur *Christus als Weltenrichter.*

CAMPANILE VON GIOTTO

Der Bau des Campanile wurde 1334 von Giotto begonnen, nachdem der alte Glockenturm von Santa Reparata durch einen Brand zerstört worden war. Als Giotto 1337 starb, war gerade das Untergeschoß fertiggestellt. Andrea Pisano und später Francesco Talenti brachten das Werk zum Abschluß (der Originalentwurf sah eine Spitze vor, die jedoch nie zur Ausführung kam). Der schlanke, elegante Turm wird in den oberen Geschossen luftiger und bereichert sich an Marmorschmuck und kunstvollem Maßwerk. Die Sockelreliefs (die Originale befinden sich im Dommuseum) wurden unter der Leitung Giottos von Andrea Pisano und seiner Werkstatt ausgeführt.

In der Nähe des Campanile, an der Ecke Via Calzaioli, kann man die anmutige **Loggia del Bigallo** bewundern, die Alberto Arnoldi zwischen 1352 und 1358 in eleganten gotischen Formen erbaute. Die Loggia gehörte ursprünglich der Bruderschaft zum Schutz der Waisen und Findelkinder der Stadt. Die zum Baptisterium weisende Front enthält drei Tabernakel mit Statuen des *Hl. Petrus Martyr, Madonna mit Kind* und des *Hl. Lukas*. Im Innern befindet sich eine wertvolle Kunstsammlung mit den abgelösten Fresken des Außenbaues; ferner sind Werke von Ghirlandaio, Arnoldi und aus den Schulen Botticellis und Verrocchios zu sehen.

Der Campanile von Giotto und die Loggia del Bigallo

Der Dom; unten: **Baptisterium:** *Südportal* von *Vincenzo Ghiberti* (Detail eines der Bronzereliefs)

DOM

Der Bau der Kathedrale, der man den Namen Santa Maria del Fiore gab, wurde auf Wunsch der Stadtväter und Bürger von Florenz im Jahre 1294 von Arnolfo di Cambio begonnen. Das neue Gotteshaus sollte nicht nur geräumiger sein als die Vorgängerkirche Santa Reparata, sondern so prächtig und herrlich ausgestattet werden, daß es alle Kathedralen der toskanischen Konkurrenzstädte an Schönheit und Größe übertraf. Der neue Dom umschloß die Strukturen und die beiden Glockentürme der bestehenden Kirche, die erst 1375 abgerissen wurde und an deren Namen die Florentiner noch lange festhielten. Der bis vor einigen Jahren unter dem Domfußboden verschüttete, tiefer gelegene Teil von Santa Reparata ist heute vom rechten Seitenschiff aus zugänglich. In der Unterkirche befinden sich Freskenreste, Skulpturen und Grabplatten, u.a. für Filippo Brunelleschi. Das weite, helle und feierliche Dominnere war einst Schauplatz der feurigen Predigten von Gerolamo Savonarola und der blutigen Verschwörung der Pazzi. Am 26. April 1478

Dom: *Innenansicht*; Abbildung unten und vorige Seite: *Grabplatten in Santa Reparata* und die *Fassade des Domes*

stürzten sich einige Mitglieder der mit den Medici verfeindeten Familie Pazzi in stillschweigendem Einvernehmen mit dem Erzbischof Salviati während eines Gottesdienstes auf Lorenzo il Magnifico und seinen Bruder Giuliano. Lorenzo gelang die Flucht, aber Giuliano wurde getötet, und der Verschwörung folgte eine grausame Vergeltung. Obgleich im Laufe der Jahrhunderte viele Kunstwerke die Kathedrale bereicherten, dominiert der Eindruck maßvoller Strenge, die von den Bündelpfeilern und hohen Spitzbögen ausgeht. An der inneren Fassade prangt ein riesiges Zifferblatt (1443), das Paolo Uccello mit vier gemalten *Prophetenköpfen* zierte. Ebenfalls von Paolo Uccello stammt das Fresko mit dem *Reiterbildnis des Giovanni Acuto* an der linken Seitenschiffwand (1436), daneben das *Reiterbildnis des Nicolò da Tolentino* von Andrea del Castagno (1456). Über der weiten, achteckigen Tribune wölbt sich die **Kuppel** Brunelleschis. Der Wettbewerb für den Kuppelbau wurde 1418 ausgeschrieben. Das Unternehmen erwies sich von Anfang an als äußerst schwierig, da hier die traditionellen Bausysteme versagten. Brunelleschi entwarf ein völlig neues Konstruktionsprinzip, in dem er auf das herkömmliche Bodengerüst verzichtete und die

Dom: *Der Chor*; Abbildungen unten, von links: *Andrea del Castagno: Niccolò da Tolentino*; *Paolo Ucello:* **Giovanni Acuto**

Dom: *Das Innere der Kuppel*

Kuppel mit beweglichen Rustbögen doppelschalig ausführte. Damit siegte er über seinen ewigen Rivalen Lorenzo Ghiberti, der sich ebenfalls an dem Wettbewerb beteiligt hatte. 1436 war die Kuppel bis auf die Laterne fertiggestellt: sie ruht auf einem mächtigen, achteckigen Tambour, und weiße Marmorrippen unterteilen das mit roten Ziegeln aus Impruneta (einem kleinen Ort in der Nähe von Florenz) gedeckte Dach. Der Kuppelhimmel trägt eine Freskodekoration von Giorgio Vasari und Federico Zuccari (1572-79); dargestellt ist auf fünf übereinander gelagerten Zonen *Das Jüngste Gericht*. Um den Hochaltar schließt sich ein reliefgeschmückter, achteckiger Marmorchor von Baccio Bandinelli (1555). Rechts hinter dem Altar befindet sich der Zugang zur **Alten Sakristei**; in der Lünette eine Himmelfahrt, eine Terrakotta von Luca della Robbia. Auf der gegenüberliegenden Seite liegt die **Neue Sakristei** mit einer Bronzetür von Luca della Robbia, Michelozzo und Maso di Bartolomeo (1445-69); in der Lünette eine *Auferstehung*, ebenfalls von Luca della Robbia. In der Sakristei herrliche *Intarsienschränke* des 15. Jahrhunderts. Die Kapelle an der Apsisrückseite enthält einen Bronzeschrein von Ghiberti mit den *Reliquien des Hl. Zenobius*.

Die Süd-Ost-Seite des Domplatzes; unten: *Eingang zum Dommuseum*

DOMMUSEUM
(MUSEO DELL'OPERA DEL DUOMO)

Im hinter dem Dom gelegenen Dommuseum sind Kunstwerke und Modelle des monumentalen Domkomplexes einschließlich Baptisterium und Campanile ausgestellt. Im Erdgeschoß sind die Skulpturen der 1587 abgetragenen, ersten Domfassade zu sehen, u.a. eine herrliche *Madonna mit Kind* von Arnolfo di Cambio. In einem angrenzenden Raum befinden sich von Brunelleschi für den Kuppelbau verwendetes Werkzeug und Baumaterial. Ein weiterer Saal enthält kostbare Reliquiare. Im Zwischengeschoß steht die berühmte *Pietà* von Michelangelo. Der achtundsiebzigjährige Künstler schuf das Werk aus dem Kapitell eines antiken römischem Tempels. Die Gruppe war ursprünglich für sein eigenes Grabdenkmal in einer Familienkapelle in der Kirche Santa Maria Maggiore in Rom bestimmt. Im Obergeschoß: die beiden *Sängerkanzeln* von Donatello und Luca della Robbia; *Reliefs* von Andrea Pisano, früher am Campanile; *Der*

*Michelangelo: **Pietà**;* Abbildung rechts: ***Magdalena** (Donatello)*;
Abbildungen unten: ***Büste von Cosimo I dei Medici** (Giovanni dell'Opera)* und
***Detail von der Sängerkanzel** (Luca della Robbia)*

Täufer, Magdalena und *Hababuk* von Donatello. In der Magdalena gelangt die realistische Darstellung Donatellos, wie sie in den *Propheten* schon zum Ausdruck kommt, zu einer in der florentinischen Kunst bisher unerreichten Interpretation des Tragischen. Maria Magdalena erscheint hier nicht in strahlender Schönheit und Jugend, sondern als gealterte Büßerin, eine makabre, gespenstische Vision am Ende von Laster, Sünde und Leid. Wunderschön ist auch der *Silberaltar* von Michelozzo, Verrocchio, Pollaiolo u.a.

Nach Verlassen des Museums wenden wir uns nach rechts, wo an der linken Domseite, auf der Höhe der Fassade, die **Via de' Martelli** abzweigt, beliebter Treffpunkt der Florentiner und eine der belebtesten Einkaufsstraßen der Stadt mit guten Buchhandlungen. Linkerhand liegt an einer platzähnlichen Verbreiterung des Bürgersteigs die **Kirche San Giovannino** mit einer Fassade von Ammannati. Im Innern Fresken und Gemälde von Künstlern des 16. und 17. Jahrhunderts. An der gegenüberliegenden Ecke erhebt sich der mächtige Palazzo Medici-Riccardi.

Palazzo Medici-Riccardi: *Die Fassade*

PALAZZO MEDICI-RICCARDI

Dieser Palast wurde zwischen 1444 und 1460 von dem Florentiner Architekten und Bildhauer Michelozzo Michelozzi, einem Schüler Ghibertis und Mitarbeiter Donatellos, im Auftrag Cosimos il Vecchio in der Via Larga (heute Via Cavour) erbaut und stellte einen Prototyp für alle florentinischen Renaissancepaläste dar. Die Medici, deren Hauptzweig bis 1540 hier residierte, ließen das majestätische, elegante Gebäude aufs reichste mit Kunstwerken ausstatten. 1655 wurde der Palast an die Marchesen Riccardi verkauft und ist heute Sitz der Provinzverwaltung und der Präfektur. Die schönen Säle dienen häufig Ausstellungen und kulturellen Veranstaltungen. Der Palazzo wurde von Michelozzo als großer Kubus konzipiert (später ließen die Riccardi sieben neue Fenster an der Via Larga anfügen). Besonderes Augenmerk richtete der Architekt auf die malerischen Effekte der beiden Hauptfassaden mit mächtigen Rustikabossen im Erdgeschoß, Flachquadern im ersten Stock und glatten Steinen im dritten Abschnitt. Dieses häufig verwendete Fassadenmotiv im Zusammenspiel mit den zweibogigen Fenstern blieb im folgenden Jahrhundert beispielhaft. Ein herrliches klassizistisches Gesims krönt das Gebäude. Die großen Eckfenster mit gebauchtem Gitter (sog. "inginocchia-

Benozzo Gozzoli: Zug der Heiligen drei Könige nach Bethlehem

te"), die eine einstige Loggia ersetzen, werden Michelangelo (um 1517) zugeschrieben. In dem schönen **Säulenhof** sind Skulpturen und archäologische Funde aus der Römerzeit zu sehen. Von Bedeutung ist die **Kapelle** von Michelozzo (Zugang rechts über die Treppe im Hof) mit den Fresken von Benozzo Gozzoli. Die faszinierende Darstellung beschreibt den *Zug der Heiligen drei Könige nach Bethlehem* (1459-60), in dem zahlreiche Persönlichkeiten der damaligen Zeit porträtiert sind, u.a. Lorenzo il Magnifico mit seinem Vater, Piero il Gottoso, die Schwestern Galeazzo Maria Sforza, Sigismondo Malatesta, Johannes VII. Palaiologos, Kaiser von Konstantinopel, der Künstler selbst und sein Meister, Beato Angelico. Sehenswert ist auch die **Galleria** mit einem schönen Deckenfresko von Luca Giordano, *Apotheose der Medici-Dynastie* (1682-83).

W enn man den Palast verläßt und sich nach rechts wendet, führt an der linken Gebäudeseite die kleine Via dei Gori zur **Piazza San Lorenzo**, einem malerischen, volkstümlichen Marktplatz, der von dem mächtigen Kirchenkomplex San Lorenzo beherrscht wird. Dahinter erhebt sich die Fürstenkapelle. Am Beginn des Marktes steht das *Denkmal für Giovanni delle Bande Nere*, ein Werk Baccio Bandinellis (1540).

San Lorenzo: *Die Fassade*

SAN LORENZO

Bei der im Jahre 393 vom Hl. Ambrosius geweihten Basilika handelt es sich wahrscheinlich um die älteste Kirche der Stadt, die sich damals außerhalb des Mauerrings befand. Der Neubau des 11. Jahrhunderts wurde später im Auftrag der Medici vollständig umgestaltet. Das dreischiffige, lichte Langhaus mit Seitenkapellen steht auf lateinischem Kreuz. Filippo Brunelleschi schuf dieses Meisterwerk der florentinischen Frührenaissance im Jahre 1420 und leitete die Arbeiten von 1442 bis zu seinem Tode (1446). Zahlreiche Kunstwerke schmücken das Innere, u.a. im Mittelschiff zwei *Bronzekanzeln* von Donatello, die letzte Arbeit des Meisters, die von Schülern vollendet wurde (1460); gegenüber der rechten Kanzel ein Marmortabernakel von Desiderio da Settignano (Mitte 15. Jahrhundert); in der zweiten Kapelle rechts *Vermählung der Jungfrau,* ein schönes Altarbild von Rosso Fiorentino (1523); in der linken Kapelle des linken Querschiffes eine beachtenswerte *Verkündigung* mit Predella-Darstellungen aus dem *Leben des Hl. Nicola von Bari* von Filippo Lippi (um 1440). Im linken Schiff, gegenüber der Kanzel, ein großes Fresko mit dem *Martyrium des Hl. Laurentius* von Bronzino (1565-69). Architektonisch und künstlerisch außerordentlich bedeutend ist die **Alte Sakristei** mit Eingang vom linken Querschiff. In der klaren, schlichten Raumgestaltung kommt Brunelleschis Baukonzept gänzlich zum Ausdruck (1420-29). Die acht Tondi in den Lünetten und Zwickeln (jeweils vier mit den *Evangelisten* und *Geschichten des Evangelisten Johannes*) schuf Donatel-

San Lorenzo: *Das Innere*; Abbildung unten: *Der Kreuzgang von Brunelleschi*

Biblioteca Laurenziana: *Michelangelos Treppenhaus*

lo, ebenso die beiden Bronzetüren neben dem Altar und die *Tonbüste des Hl. Laurentius*. In der Kapelle befindet sich das *Grab für Giovanni di Bicci de'Medici* und *Piccarda Bueri*, Eltern des Cosimo il Vecchio, ein Werk von Andrea Cavalcanti (1434); an der linken Wand das *Grabmal für Piero il Gottoso* und *Giovanni de'Medici*, Söhne des Cosimo il Vecchio, ausgeführt von Andrea del Verrocchio, möglicherweise mit Hilfe des zwanzigjährigen Leonardo da Vinci (1472).

BIBLIOTECA LAURENZIANA

Der Eingang liegt an der Piazza San Lorenzo Nr. 9, links der Kirche, wo man zunächst den wunderschönen Kreuzgang des Brunelleschi durchquert. Die von Cosimo il Vecchio gegründete und von Lorenzo il Magnifico erweiterte Bibliothek enthält eine überaus reiche Sammlung mit Manuskripten und alten Kodizes. Zu den kostbarsten Schätzen zählen der sog. *Virgilio Mediceo* (4.-5.Jhdt.), die *Pandekten des Kaisers Justinian* (Gesetzbücher des 6.Jhdts.) und Schriften von Thukydikes, Herodot und Tacitus (10.Jhdt.). Der Bau wurde 1524 von Michelangelo begonnen, der das eindrucksvolle Vestibül und den großen eleganten Lesesaal entwarf.

Wieder auf dem Platz, gehen wir links an der Kirche entlang bis zur rückwärtig gelegenen **Piazza Madonna degli Aldobrandini**, wo der Eingang zu den Medici-Kapellen liegt.

Außenansicht der Medici-Kapellen; unten: *Michelangelo: Grabmonument für Lorenzo, Herzog von Urbino*

MEDICI-KAPELLEN

Gedenkstätte und Mausoleum der Medici neben der Kirche San Lorenzo (Eingang durch die Krypta an der Rückseite, Piazza Madonna degli Aldobrandini), stellen die Medici-Kapellen mit den weltberühmten Michelangelo-Skulpturen einen baukünstlerisch beeindruckenden Komplex dar. Die monumentale **Fürstenkapelle** wurde 1602 von Ferdinand I. in Auftrag gegeben. Die Arbeiten, die zwei Jahre später nach Plänen von Matteo Nigetti und unter Mitwirkung von Buontalenti begannen, zogen sich über ein ganzes Jahrhundert hin. Das mächtige Achteck ist vollständig mit Halbedelsteinen ausgelegt und hinterläßt einen überwältigenden Eindruck. An den Wänden stehen die Sarkophage der sechs mediceischen Großherzöge: über den Gräbern Ferdinandos I. und Cosimos II. Bronzestatuen von Ferdinando Tacca; am Sockel erscheinen sechzehn Wappen toskanischer Städte; die Kuppel trägt Fresken mit *Szenen aus dem Alten und Neuen Testament* von Pietro Benvenuti (1828). Über einen Gang erreicht man die **Neue Sakristei**, die Michelangelo im Auftrag des Kardinals Giulio de'Medici und späteren Papstes Clemens VII. verwirklichte. Buonarroti, der hier erstmalig als Architekt auftrat, führte die Arbeiten unter vielen Wechselfällen von 1520 bis zum Tod seines Auftraggebers fort, konnte das Werk je-

Medici-Kapellen: *Innenansicht*;
unten: *Michelangelo: Die Statue der Nacht*

doch vor seiner endgültigen Abreise aus Florenz (1534) nicht vollenden. Die quadratische Kapelle greift in der Wandgliederung mit Pietra Serena auf weißgetünchtem Grund die Struktur der Alten Sakristei von Brunelleschi auf, besitzt jedoch eine reichere und komplexere architektonische Ausstattung (Nischen, Fenster, Bögen usw.). Von der geplanten Gesamtanlage wurden nur die Grabmonumente zweier unbedeutenderer Persönlichkeiten dieser mächtigen Florentiner Familie fertiggestellt: *Giuliano*, Herzog von Nemours, dritter Sohn des Lorenzo il Magnifico und *Lorenzo*, Herzog von Urbino, Sohn des Piero lo Sfortunato. Die Zwillingsgräber verschmelzen harmonisch mit der Raumarchitektur. Über den Sarkophagen mit den berühmten Allegorien thronen die Statuen der Verstorbenen. Links vom Altar Giuliano, stark idealisiert, in antiker Kriegerrüstung. Allen, die darauf hinwiesen, daß die Plastik nicht die geringste Ähnlichkeit mit dem Verstorbenen habe, antwortete Michelangelo bekanntlich, daß dies nach zehn Jahrhunderten niemandem mehr auffallen werde. Auf dem Sarkophag die Liegefigur der *Nacht* in sanft schlummernder Haltung und die Allegorie des *Tages*, eine kraftvolle, von innerer Spannung be-

Werke von *Michelangelo*: von links: ***Das Grabmahl des Lorenzo, das Grabmahl des Giuliano; Die Statue der Morgenröte***

seelte Gestalt mit unvollendetem Antlitz. Rechts Lorenzo in edler, nachdenklicher Pose (er wird auch "Der Grübler" genannt), auf dem Haupt einen Tierkopfhelm; zu seinen Füßen die *Abenddämmerung*, die traurig Abschied nimmt vom Tag, und die *Morgenröte* im Augenblick des Erwachens -die vielleicht schönste und berühmteste dieser Statuen. An der Rückwand thront eine wunderschöne *Madonna mit dem Kind*, ebenfalls von Michelangelo; zu beiden Seiten Werke von Schülern des Meisters: der *Hl. Cosmas* (links) von Montorsoli und der *Hl. Damian* von Raffaello da Montelupo, die jedoch weit entfernt sind von den expressiven Schöpfungen Michelangelos selbst. Das wenn auch unvollendete Werk Michelangelos wird allgemein als tiefgreifende Meditation über das Geschick des Menschen, seine Vergänglichkeit und Erlösung durch den Glauben interpretiert. In diesem Sinne läßt sich die Kapelle in drei Zonen teilen: Der untere Abschnitt mit den Gräbern und allegorischen Statuen symbolisiert die Zeit, die alles verschlingt und unweigerlich zum Tode führt (Hades); der mittlere Teil stellt die irdische Sphäre dar, während die lichtdurchflutete Kuppel das Himmelsgewölbe verkörpert.

ZWEITER RUNDGANG

PIAZZA DEL DUOMO - CHIESA DI ORSANMICHELE
PIAZZA DELLA SIGNORIA - LOGGIA DEI LANZI
PALAZZO VECCHIO - UFFIZIEN

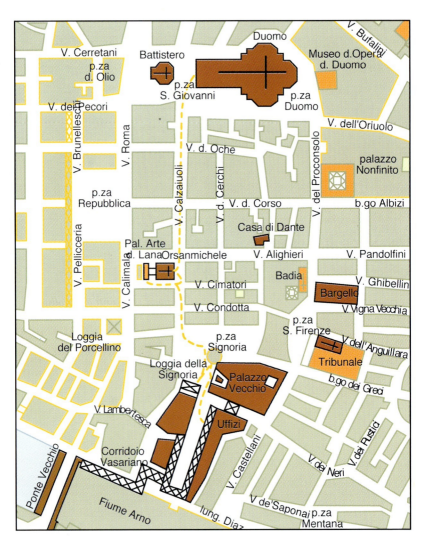

ORSANMICHELE

Die elegante **Via dei Calzaioli** verbindet das religiöse (Domplatz) mit dem bürgerlichen Zentrum der Stadt (Piazza della Signoria). An dieser vornehmen Geschäftsstraße erhebt sich ein mächtiges quadratisches Gebäude, das ursprünglich zivile Zwecke erfüllte und später als Kirche umfunktioniert wurde. Im Garten des Klosters San Michele (daher der Name "Orsanmichele") ließ die florentinische Republik 1284 durch Arnolfo di Cambio eine Loggia bauen, die als Getreidespeicher diente. Nach einem Brand im Jahre 1304 erfolgte der Wiederaufbau zwischen 1337 und 1404 in spätgotischem Stil nach Plänen von Francesco Talenti und Neri di Fioravante. Die Lagerräume waren in den beiden Obergeschossen untergebracht, wo der Weizen in die darunter befindliche (damals noch offene) Loggia floß. Den Skulpturenschmuck am Außenbau mit den Wappen und in Nischen aufgestellten Statuen der Schutzheiligen übernahmen die Zünfte. Besonders sehenswert: *Johannes der Täufer* und der *Hl. Matthäus* von Ghiberti, der *Hl. Georg* von Donatello (Original im Bargello) und die *Quattro Coronatis* von Nanni di Banco. Der zweischiffige Innenraum hat hohe Kreuzgewölbe; im rechten Schiff der *Tabernakel* des Andrea Orcagna (1359); die reichverzierte, gotische Adikula trägt Sockelreliefs mit Darstellungen aus dem *Leben der Heiligen Jungfrau* und umrahmt ein *Gnadenbild* von Bernardo Daddi (1347).

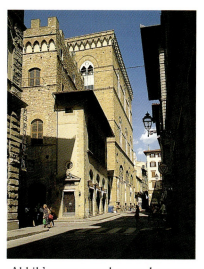

Abbildungen von oben nach unten:
*Wappen der Zunft der Wollweber;
Via dei Calzaiuoli;
Orsanmichele, das Innere*

*Andrea Orcagna: **Tabernakel***; Abbildung unten: ***Palazzo dell'Arte della Lana***

Cosimo I. de'Medici ließ einen Verbindungssteg von der Kirche Orsanmichele zum **Palazzo dell'Arte della Lana** (Zunft der Wollweber) bauen. Das 1308 als Sitz der bedeutendsten Zunft im mittelalterlichen Florenz entstandene Gebäude erfuhr im Laufe der Zeit mehrfache Veränderungen. 1905 restaurierte Enrico Lusini den Palast, und heute ist in den schönen, mit Fresken ausgestatteten Sälen die Dante-Gesellschaft untergebracht. An der Ecke Via dell'Arte della Lana und Via Orsanmichele befindet sich der gotische *Tabernakel der Santa Maria della Tromba* (14.Jhdt.) mit einem *Madonnenbild* von Jacopo del Casentino.

Luftaufnahme der Piazza della Signoria

PIAZZA DELLA SIGNORIA

Die Via Calzaioli führt direkt zur Piazza della Signoria. Dort, wo sich im Laufe der Geschichte das weltliche Zentrum der Stadt herausbildete, standen zur Römerzeit gewöhnliche Wohnhäuser und das Theater. Ende des 13. Jahrhunderts bezog man das Gelände in den umfangreichen Sanierungsplan ein, mit dem Arnolfo di Cambio betraut wurde. Dieser ließ die bestehenden Häuser der ghibellinischen Familien beschlagnahmen und begann mit dem Bau des Palazzo Vecchio. Die Piazza war von jeher Schauplatz öffentlicher Ehrungen, Zeremonien und Versammlungen aber auch von Tumulten und Hinrichtungen. Eine Gedenkplatte in der Pflasterung vor dem Nep-

Piazza della Signoria mit dem Martyrium des Savonarola (Gemälde aus dem Ende des 15.Jhdts.); unten: *Das Tribunale di Mercatanzia*

tunsbrunnen erinnert an die Stelle, an der am 23. Mai 1498 der Sittenprediger *Gerolamo Savonarola*, der für kurze Zeit die Stadtpolitik beeinflußte und später exkommuniziert wurde, als Häretiker auf dem Scheiterhaufen endete. Im 14. Jahrhundert errichtete man die gotische Loggia. Gegenüber der Loggia: Palazzo Nr. 5 enthält die **Sammlung Alberto della Ragione** (zeitgenössische italienische Kunst); Nr. 7, **Palazzo Uguccioni** (nach Entwürfen von Michelangelo oder Raffael); an der sich anschließenden Seite das **Tribunale di Mercatanzia** (1359).

LOGGIA DEI LANZI

Die luftige Halle, auch Loggia della Signoria oder Loggia dell'Orcagna genannt (Vasari schreibt diesem Künstler den Entwurf zu), diente einst dem offiziellen Stadtzeremoniell. Der Name Lanzi dagegen geht auf die von Cosimo I. angeheuerten

Piazza della Signoria: *Loggia dei Lanzi;* Abbildung unten:
Palazzo Vecchio: *Gotischer Giebel über der Haupttür*

"Lanzichenecchi" (Landsknechte) zurück, die hier eine zeitlang stationiert waren. Die Loggia wurde zwischen 1376 und 1383 von Benci di Cione und Simone Talenti erbaut. In den von 1384 bis 1389 nach Zeichnungen des Agnolo Gaddi ausgeführten blattartigen Bogenzwickelfeldern erscheinen Statuen der *Tugenden*. Zwei *Wappenlöwen* flankieren den Eingang: der rechte stammt aus der klassischen Epoche, der andere aus dem 16. Jahrhundert. Unter dem rechten Bogen der *Raub der Sabinerinnen* von Giambologna (1583). Dem Konzept des virtuos wirkenden Bildwerks, das bereits auf den Barock überleitet, lagen hauptsächlich Überlegungen zur Lösung kompositionstechnischer Fragen zugrunde. Bis Dezember 1996 umrahmte der linke Bogen den *Perseus* von Benvenuto Cellini (1546-54); der Held und Bezwinger der Medusa vereinigt in seiner bildhauerischen Form die Monumentalität Michelangelos mit den preziösen Tendenzen des zeitgenössischen Manierismus; herrlich der Sockel mit Statuetten und Reliefs, die

Raub der Sabinerinnen, von *Giambologna*; Abbildung rechts: **Perseus,** von *Benvenuto Cellini* (befindet sich zur Restaurierung in den Uffizien)

den Künstler als Meister der Goldschmiedekunst ausweisen. Die Loggia enthält außerdem eine weitere Gruppe von Giambologna, *Herkules und Nessus-Menelaos mit dem Leichnam des Patroklos*, römische Kopie nach griechischem Original des 4. Jahrhunderts v. Chr., und sechs weibliche Figuren aus der Römerzeit und den *Raub der Polyxena* von Pio Fedi (19.Jhdt.).

NEPTUNSBRUNNEN

Bartolomeo Ammannati trat auf Betreiben Vasaris in den Dienst des Großherzogs Cosimo I. Zu seinen Aufgaben als Architekt gehörten unter anderem die Restaurierung des Palazzo Pitti und der Neubau der Ponte Santa Trinita. Sein bedeutendstes bildhauerisches Werk ist der Neptunsbrunnen, den Cosimo in Auftrag gab und der von 1563 bis 1575 ausgeführt wurde. In der Mitte des großen

Piazza della Signoria: *Der Neptunsbrunnen* von *Bartolomeo Ammannati*

polygonalen Beckens erhebt sich die kolossale *Neptunsfigur;* unter dem Meeresgott ein Viergespann; am Beckenrand hervorragende Bronzefiguren von *Najaden, Tritonen* und *Satyrn,* bei denen wahrscheinlich Ammannatis Gehilfe Giambologna mitgewirkt hat. Die Freitreppe vor dem Palazzo Vecchio zieren mehrere Skulpturen: ein Löwe, der sog. *Marzocco,* Symbol der florentinischen Republik, Kopie eines Originals von Donatello (im Bargello); die 1504 hier aufgestellte Kopie des David von Michelangelo (Original in der Galleria dell'Accademia) verkörpert die Freiheit, nach der Florenz während des kurzen Intervalls als Republik strebte; *Herkules und Kassus* von Bandinelli (1534) und zwei Statuetten von de'Rossi und Bandinelli. Links des Brunnens steht das *Reiterdenkmal für Cosimo I. de'Medici,* ein Werk Giambolognas (1594): Die drei Flachreliefs am Sockel stellen dar: *Der toskanische Senat verleiht Cosimo I. die Würde des Großherzogs,* 1537; *Papst Pius V. verleiht Cosimo die großherzoglichen Ehrenabzeichen,* 1569; *Einzug Cosimos in Siena,* 1557.

Palazzo Vecchio: *Die Fassade*

Palazzo Vecchio: *Der Innenhof*, erneuert von *Michelozzo*;
Abbildung unten: **Der Turm** (Detail der Glöcknerstube)

PALAZZO VECCHIO

Der Palazzo Vecchio -seit Mitte des 16. Jahrhunderts, als die Medici in den Palazzo Pitti umzogen, Palazzo della Signoria genannt-, war Sitz der höchsten Autoritäten der Stadt, politisches Zentrum (auch heute noch ist der Palast Sitz des Stadtrates), Symbol der Macht und institutionellen Einheit. Schöpfer des 1299 begonnenen Baus war höchstwahrscheinlich der große Baumeister Arnolfo di Cambio. Den wuchtigen dreistöckigen Kubus mit Rustikabossenwerk, das durch elegante zweibogige Fenster aufgelockert wird, umläuft ein auskragender, zinnenbekränzter Wehrgang, über dem sich kraftvoll der stolze Turm erhebt. Unter den kleinen Bögen wiederholen sich zwischen den Konsolen die neun Stadtwappen von Florenz, darunter das bekannteste mit der roten Lilie in weißem Feld. Einige der Kragsteine sind mit Luken ausgestattet, durch die man bei den nicht seltenen Aufständen die Angreifer mit Steinen, kochendheißem Öl und flüssigem Blei bewarf. Der 94 Meter hohe Turm (Fertigstellung 1310) ist genial zur Achse versetzt und hebt die asymmetrischen Platzdimensionen hervor. Der Palast wurde mehrmals erweitert: 1343, 1495 (durch Cronaca) und im 16. Jahrhundert durch Vasari (radikale Umbauten im Innern), ferner durch Giovanni Battista

Palazzo Vecchio: *Saal der Fünfhundert;* Abbildungen unten, von links nach rechts: ***Der Sieg*** *(Michelangelo);* ***Herkules und Diomedes*** *(Vincenzo de'Rossi)*

Palazzo Vecchio: *Das Studierzimmer von Francesco I. de'Medici*

del Tasso und Buontalenti. Das **Palastinnere** ist aufs reichste mit herrlichen Sälen und bedeutenden Kunstwerken ausgestattet. Im Erdgeschoß der wunderschöne **Hof** von Michelozzo und die **Waffenkammer** (Eingang links; nur anläßlich von Wanderausstellungen geöffnet), der einzige seit dem 14. Jahrhundert unveränderte Raum. Im ersten Stock der großartige **Salone dei Cinquecento** (Saal der Fünfhundert) mit dem angrenzenden **Studiolo** (Studierzimmer) **Francescos I.**; die **Sala dei Dugento** mit kunstvoller Holzkassettendecke, ein Werk der Brüder da Maiano (1472-77; in dem ehemaligen Sitzungssaal der zweihundert Bürger, die über Kriege und Allianzen entschieden, tagt heute der Stadtrat); das **Quartiere di Leone X** mit Kapelle und Sälen, deren Fresken das *Leben der Medici* zum Thema haben, stammt von Vasari und Gehilfen (geöffnet sind nur die Säle Leos X., Lorenzos il Magnifico und Cosimos I., die anderen Raume sind dem Bürgermei-

Saal Leon X.; Abbildung unten: *Florenz während der Belagerung im Jahre 1530* (Ausschnitt aus einem Fresko von *Giorgio Vasari*)

ster und den Stadträten vorbehalten). Im zweiten Stock: das **Quartiere degli Elementi** von Giovanni Battista del Tasso (um 1550); auch diese Gemächer statteten Vasari und Gehilfen zum Teil mit schönen Intarsienschränken sowie einer Aussichtsterrasse, der **Loggia des Saturn** aus. Ferner das **Quartiere di Eleonora da Toledo** (Gemahlin Cosimos I.), sehenswert hier vor allem die **Camera di Gualdrada** mit edelsteinbesetztem Ebenholzschrank und die **Kapelle** mit Fresken von Bronzino, der auch das wunderschöne Altarbild (*Pietà*, 1553) schuf; die **Cappella della Signoria**; die **Sala dell'Udienza** (Audienzsaal) mit prunkvoller Kassettendecke und Marmorportal (beides von den Brüdern da Maiano), die einem von Vasari entworfenen Tisch enthält. Die prächtige **Sala dei Gigli** (Liliensaal), in der sich die dramatische Bronzegruppe *Judith und Holofernes* von Donatello befindet, mit angrenzender **Sala del Mappamondo** (Landkartensaal) und der **Kanzlei,** in der Niccolò

Liliensaal; Abbildung unten: ***Judith und Holofernes*** von *Donatello*

Machiavelli mehrere Jahre als Sekretär der Republik arbeitete (farbige Tonbüste und Porträt). In diesem Raum befindet sich das Bronze-Original der Brunnenfigur im Hof (*Putto mit Delphin*, 1476) von Verrocchio. Im Zwischengeschoss (Zugang vom Quartiere degli Elementi) reihen sich 15 Säle mit einer beachtenswerten Kunstsammlung aneinander, die nach dem II. Weltkrieg aus Deutschland zurückkam, u.a. *Kauernde Aphrodite*, römische Kopie des 2. Jahrhunderts n. Chr., griechische und römische Skulpturen und Reliefs aus verschiedenen Epochen. Aus dem Mittelalter und der Neuzeit: ein wertvolles Tafelbild (*Madonna dell'Umiltà*), Masolino zugeschrieben; eine weitere winzige Tafel, möglicherweise von Masaccio, eine große *Geburt Christi* von Antoniazzo Romano; *Pygmalion und Galatea* von Bronzino; das Fragment einer Skizze für die *Pietà Rondanini* von Michelangelo; *Venus und Merkur stellen Jupiter den Sohn Anteros vor* von Paolo Veronese; *Leda und der Schwan* von Tintoretto; *Porträt der Elisa-*

Landkartensaal

beth von Valois von Coelho; *Judith mit dem Haupt des Holofemes* und das große *Reiterbildnis des Giovanni Carlo Doria* von Rubens; ein hervorragendes *Bildnis eines Unbekannten* von Hans Memling; *Ekstase der Hl. Cäcilie* von Bernardo Cavallino; ein treffliches *Porträt der Felicitas Sartori* von Rosalba Carriera; *venezianische Landschaften*, Francesco Guardi und dem Kreis Canalettos zugeschrieben. Im Zwischengeschoß sind außerdem das **Museum für Musikinstrumente** mit antikem Material und Raritäten aus verschiedenen Epochen sowie die **Sammlung Loeser** untergebracht, eine bedeutende Stiftung mit Skulpturen und Gemälden toskanischer Künstler vom 14. bis 16. Jahrhundert. Besonders zu erwähnende Werke: zwei Terrakotta-Gruppen, Soldaten und Reiter darstellend, von Giovan Francesco Rustici (16. Jahrhundert); eine wunderschöne *Madonna mit Kind*, bemaltes Holz, der Schule Arnolfos zugeschrieben, und ein *Marmorengel* von Tino di Camaino. Des weiteren eine *Passion Christi*, eine eigenwillige Interpretation von Piero di Cosimo (Ende 15. Jahrhundert; in seinem Werk "Vite" definierte Vasari den Künstler als absonderlichen und wirren Geist), eine *Madonna mit Kind* von Pietro Lorenzetti (16.Jhdt.) und das hervorragende *Porträt der Laura Battiferri* (Gemahlin des Bildhauers Ammannati) von Agnolo Bronzino. Lohnend ist der Aufstieg auf den **Turm**, von dessen Höhe man einen herrlichen Ausblick über die Stadt und die Umgebung hat.

Blick auf die Uffizien

UFFIZIEN

Die älteste Kunstgalerie der Welt und Italiens bedeutendstes Museum zählt mit einer Besucherquote von über einer Million pro Jahr zu den größten Kunstzentren Europas und der ganzen Welt. Das Museum besitzt rund 4800 Werke, von denen etwa 2000 ausgestellt sind (1000 Gemälde, 300 Skulpturen, 46 Gobelins, 14 Möbelstücke und Keramiken sowie weitere 700 Gemälde im Vasari-Korridor); die übrigen Werke sind eingelagert oder wurden an andere Museen ausgeliehen. Unter den zahlreichen Meisterwerken befinden sich einige der hervorragendsten Schöpfungen der abendländischen Kunst. Der großartige Palast, der das Gelände zwischen dem Palazzo Vecchio und dem Arno einnimmt, wurde Mitte des 16. Jahrhunderts im Auftrag Cosimos I. als Verwaltungsgebäude ("Uffizi") errichtet; teilweise einbezogen wurden die Kirche San Pietro Scheraggio (11.Jhdt.) und die antike Münzprägestelle, wo die berühmten "Florine" geprägt wurden. Mit dem Entwurf betraute man Giorgio Vasari, eine herausragende Persönlichkeit der damaligen Kunstszene, Hofmaler, Architekt und Kunstgeschichtsschreiber. Vasari arbeitete an dem Projekt von 1559 bis zu seinem Tod im Jahre 1574 (im gleichen Jahr starb auch Cosimo). Das Gebäude mit ungewöhnlichem Grundriß besteht aus zwei langgestreckten Portikusflügeln, die am Arno-Ufer durch eine kulissenartige Querfront

Blick in den ersten Korridor

mit weitgespannter Mittelarkade geschlossen werden. Auch hier inspiriert sich der hell getünchte Außenbau mit Elementen in Pietra Serena am Modell des Vestibüls Michelangelos in der Biblioteca Mediceo-Laurenziana. Der Palast einschließlich des genial konzipierten Korridors stellt zweifellos Vasaris architektonisches Meisterwerk dar. 1580 übernahm Bernardo Buontalenti die Arbeiten, der das große Medici-Theater (1890 abgetragen) und die berühmte **Tribuna** anfügte; gleichzeitig baute man die Loggia im letzten Geschoß um. Die Verwaltung wurde verlegt und in einigen Räumen brachte man Kunstsammlungen, Waffen und wissenschaftliche Raritäten unter, die den Grundstock der späteren Galerie bildeten. Bereits die erste Kernsammlung umfaßte Hauptwerke von Botticelli, Lippi und Paolo Uccello. Ferdinando I. ließ um 1600 sämtliche in der Villa Medici in Rom zusammengetragenen Objekte in die Uffizien überführen. 1631 bereicherte Ferdinando II. die Galerie um hervorragende Gemälde (aus dem Urbiner Nachlaß seiner Frau Vittoria della Rovere), unter anderem Werke von Piero della Francesca, Tizian und Raffael. Cosimo III. (Ende 17. Jahrhundert) sammelte Gemmen, Medaillen und Münzen und ließ aus Rom die "Venus", später "*Mediceische Venus*" genannt, sowie andere antike Skulpturen kommen. Anna Maria Ludovica, die letzte Erbin der Medici, erwarb flämische und deutsche Gemälde und stiftete die Sammlung dem toskanischen Staat (1743). Im 19. Jahrhundert büßten die Uffizien durch die Plünderung Napoleons viele Werke ein, die später nur zum Teil wieder nach Italien gelangten; auch wanderten zahlreiche Objekte in die neu gegründeten Museen mit Spezialgebieten (Archäologisches Museum, Bargello, Museum Fra'Angelico, Wissenschaftliches Museum, Silbermuseum usw.).

Die Uffizien zum Arno hin

Vom Eingang gelangt man in einen Saal, den Andrea del Castagno mit Fresken ausmalte; dargestellt sind *bedeutende Persönlichkeiten* aus Geschichte und Literatur: die *Cumdische Sibylle, Boccaccio, Petrarca, Dante, Farinata degli Uberti, Pippo Spano,* die *Königin Esther* und die *Königin Tomiri*. Dieser Raum, wie auch der folgende, wurde erst vor kurzem eingerichtet; sie gehörten zu der alten **Kirche San Piero Scheraggio**, die später in die Ufffizien einbezogen wurde. Der zweite Raum ist die frühere Apsis der Kirche; hier befinden sich, außer Resten der Originaldekoration, Werke toskanischer Meister des 14. Jahrhunderts. In einem Raum rechts die herrliche *Verkündigung* von Sandro Botticelli. Die große, von Vasari geschaffene Treppe wird von Skulpturen verschiedener Epochen gemückt, darunter viele antike, vor allem römische Kopien griechischer Originale. Im ersten Stock links befindet sich der Eingang zum **Kupferstichkabinett**. Es ist in seiner Art einzig in der ganzen Welt und enthält eine riesige Sammlung, die vom Kardinal Leopoldo de'Medici angelegt wurde und mehr als 100 000 Werke italienischer und ausländischer Meister umfaßt.

Im zweiten Stock gelangt man, nachdem man einen Vorraum mit antiken Skulpturen durchschritten hat, in den ersten Korridor der eigentlichen Galerie.

ERSTE GALERIE - Die erste Galerie ist die riesige Loggia, die Francesco I. durch den Architekten Buontalenti umbauen ließ. Auf dem Korridor zahlreiche römische Sarkophage aus dem 4.-6. Jahrhundert n. Chr., sowie römische Büsten und Statuen. Die Deckenausmalung mit Grotesken stammt von Allori und Meistern des 16. Jahrhunderts.

SAAL I - (am Anfang des Korridors, im allgemeinen geschlossen). Der Raum enthält Werke römischer und griechischer Kunst.

Abbildungen links und rechts: *Giotto: Thronende Madonna mit Engeln;
Duccio di Buoninsegna: Thronende Madonna*

SAAL II - Hier kann man die Ursprünge der italienischen Malerei studieren, die sich im 13. Jahrhundert von der byzantinischen Tradition loszulösen beginnt. Wunderschön ist die *Thronende Madonna* von Giotto, der durch seinen klaren Realismus als der wahre Initiator der italienischen Malerei zu bezeichnen ist. Dieses Werk wurde wahrscheinlich in den Jahren 1303-1305 ausgeführt, in einer Zeit also, als der Meister an seinem Freskenzyklus in Assisi arbeitete. Den würdigen Rahmen dazu bilden zwei weitere Meisterwerke: Die *Thronende Madonna* von Cimabue und *Thronende Madonna* von Duccio di Buoninsegna. Dieses letzte Madonnenbild wird auch *Madonna Rucellai* genannt, denn es stammt aus der Rucellai-Kapelle in der Kirche Santa Maria Novella. Weiter befinden sich in diesem Saal Werke aus der Schule von Lucca aus dem 13. Jahrhundert: *Die Stigmata des heiligen Franziskus*, sowie das Diptychon *Madonna mit Kind und Heiligen*, ferner eine *Kreuzigung* aus der Schule von Bonaventura Berlinghieri. Sehenswert sind auch: *Der Evangelist Lukas* vom Meister der Magdalena, sowie *Der Auferstandene Christus zwischen der Jungfrau Maria und Heiligen* von Meliore di Jacopo.

SAAL III - Dieser Saal ist den Sieneser Malern des 14. Jahrhunderts vorbehalten und zeigt Meisterwerke der Brüder Lorenzetti; von Ambrogio Lorenzetti stammen eine Darstellung *Jesu im Tempel* und *Die Geschichte des Heiligen Nikolaus*; von Pietro Lorenzetti *Die Geschichte der Hl. Humilitas* sowie *Die Evangelisten Johannes, Markus und Lukas*. Außerdem bietet dieser Saal ein wahres Meisterwerk der Sieneser Malerei des 14. Jahrhunderts: die weltberühmte *Verkündigung* von Simone Martini.

Simone Martini und *Lippo Memmi:* **Verkündigung der Heiligen Ansano und Giulitta;** Abbildung unten: *Giottino:* **Pietà**

SAAL IV - Hier sind insbesondere Florentiner Maler des 14. Jahrhunderts ausgestellt, vorallem Werke von Schülern Giottos. Von Bernardo Daddi stammen: *Madonna mit Kind, Madonna mit Kind und Heiligen* und *Madonna mit Kind und den Heiligen Matthäus und Nikolaus;* von Nardo di Cione eine *Kreuzigung;* von Taddeo Gaddi die *Glorienmadonna;* von Giottino eine schöne *Kreuzabnahme.*

SAAL V-VI - Hier finden wir italienische Meister vom Ende des 14. bis zum Beginn des 15. Jahrhunderts der sogenannten Florentiner Gotik. Von Gentile da Fabriano stammen die *Anbetung der Könige* und *Vier Heilige.* Lorenzo Monaco dagegen ist der Autor der *Marienkrönung* sowie auch einer *Anbetung der Könige.* Sehenswert sind außerdem: *Thebais,* Gherardo Starnina zugeschrieben. Von einem unbekannten norditalienischen Meister finden sich drei Werke mit *Geschichten aus dem Leben des heiligen Benedikt.*

Abbildungen oben und unten: ***Die Schlacht von San Romano** (Paolo Ucello);*
***Anbetung der Könige** (Domenico Ghirlandaio)*

SAAL VII - Hier befinden sich einige Meisterwerke des 15. Jahrhunderts. Wir beginnen mit der *Marienkrönung* und *Madonna mit Kind* von Beato Angelico. Die *Madonna mit Kind und Heiligen* ist von Domenico Veneziano und eine *Madonna mit Kind und der Heiligen Anna* von Masaccio und Masolino, seinem Lehrer. Eine ganz Wand ist dem berühmten Bild *Die Schlacht von San Romano* von Paolo Uccello vorbehalten. Einst schmückte dieses Gemälde, zusammen mit den heute in Paris und London befindlichen Gegenstücken, das Schlafgemach Lorenzos des Prächtigen im Palazzo Medici-Riccardi.

SAAL VIII - Auch hier befinden sich Werke aus dem 15. Jahrhundert. Der Raum enthält verschiedene Werke von Filippino Lippi: eine Predella mit *San Frediano leitet den Fluß Serchio um*; *Verkündigung des Todes der Maria*; *Der heilige Augustinus in seiner Studierstube*; eine *Marienkrönung* (mit vielen Porträts zeitgenössischer Persönlichkeiten); ein Polyptychon mit einer *Verkündigung und Heiligen*; eine *Madonna mit Kind und zwei Engeln*; die *Anbetung des Kindes mit dem Heiligen Hilarfon*, sowie eine *Anbetung mit dem Johannesknaben und dem Heiligen Romualdus*.

SAAL IX - Werke von Antonio Pollaiolo mit Darstellungen menschlicher Tugenden. Von Botticelli stammt eine *Allegorie der Kraft*. Die Brüder Antonio und Piero Pollaiolo schufen ein schönes *Porträt von Galeazzo Sforza*. Sehenswert ist auch ein *Porträt eines jungen Mannes mit rotem Barrett* von Filippino Lippi, einem Schüler Botticellis.

*Sandro Botticelli: **Allegorie des Frühlings**
und **Die Geburt der Venus***

SAAL X-XIV - Botticelli bestimmte mit seinen weichen und musikalischen Linien und den überaus zarten Farben das gesamte künstlerische Ambiente des Florenz des späten 15. Jahrhunderts. Als wichtigste Werke in diesen Räumen gelten die *Allegorie des Frühlings* und *Die Geburt der Venus*. Außerdem befinden sich hier: *Porträt eines Unbekannten mit Medaille*; eine *Verkündigung;* eine *Anbetung der Könige*; die *Madonna des Magnificat;* die *Verleumdung* u.a. Ferner sind hier auch Werke von Filippino Lippi, Ghirlandaio, Rogier Van der Weyden sowie in der Mitte das herrliche *Portinari-Triptychon* von Hugo Van der Goes ausgestellt.

Portinari-Tryptichon: *Die Anbetung der Hirten* von *Hugo Van der Goes*

Leonardo Da Vinci: Verkündigung

SAAL XV - Der Saal beherbergt zwei berühmte Werke von Leonardo: *Verkündigung* und *Anbetung der Könige*. Beachtenswert auch die *Beweinung Christi* von Perugino und eine *Kreuzigung* von Signorelli.

SAAL XVI - Dieser Saal wird auch Landkartensaal genannt, weil sich hier die großen Landkarten der Toskana von Buonsignori befinden.

SAAL XVII - Zu diesem Saal gelangt man durch die Tribuna. Hier sind zwei bedeutende Skulpturen aus hellenistischer Zeit ausgestellt: *Amor und Psyche* und der berühmte *Schlafende Hermaphrodith* aus dem 2. Jahrhundert. v. Chr.

Die Tribuna der Uffizien; Abbildung unten: *Rosso Fiorentino: Musizierender Engel*

SAAL XVIII - Er wird auch "**Tribuna**" genannt und wurde etwa im Jahr 1589 von Buontalenti erbaut, um die Hauptwerke der Mediceischen Sammlungen aufzunehmen. In der Mitte die bereits erwähnte, berühmte *Mediceische Venus,* eine griechische Statue aus dem 3. Jahrhundert. v.Chr. An den Wänden Gemälde aus dem 16. Jahrhundert von verschiedenen Malern: von besonderer Bedeutung ist Bronzinos *Porträt der Eleonora von Toledo* sowie das wunderschöne *Porträt der Lucrezia Panciatichi.* Außerdem befinden sich hier Werke von Posso Fiorentino, Giorgio Vasari und Carlo da Verona.

SAAL XIX - Er ist Perugino und Signorelli vorbehalten. Von Perugino stammen einige *Porträts* und eine *Madonna zwischen Johannes dem Täufer und dem Heiligen Sebastian.* Von Luca Signorelli sind hier zwei seiner wichtigsten Werke ausgestellt: Der Tondo *Die Heilige Familie* und *Madonna mit Kind.* Außerdem befindet sich hier eine schöne *Verkündigung* von Melozzo da Forli.

SAAL XX - Hier befinden sich Bilder von Albrecht Dürer und anderen deutschen Meistern. Von dem großen Nürnberger Maler ist hier der *Große Kalvarienberg* zu bewundern (daneben eine Kopie von Brueghel), sowie die *Porträts der Apostel Jakobus und Philippus,* eine *Anbetung der Könige,* ein *Porträt des Vaters* und eine *Madonna mit Kind.* Von Lucas Cranach stammen das *Porträt Martin Luthers und seiner Frau,* das *Porträt Luthers und Melanchthons* sowie *Adam und Eva.*

Abbildungen von links nach rechts: *Coreggio:* **Anbetung des Kindes;** *Hans Memling:* **Bildnis des Benedetto di Tommaso Portinari**

SAAL XXI - Er ist den venezianischen Meistern des 15. Jahrhunderts vorbehalten, vor allem Giorgione und Giovanni Bellini. Von Bellini stammen das *Porträt eines Edelmanns*, die *Heilige Allegorie* (eine Komposition in leuchtenden Farben und vertiefter, verfeinerter Atmosphäre); von mystischer Symbolik zeugt die *Beweinung Christi*. Von Giorgiones Hand sind die Bilder: *Moses vor dem Pharao* und *Das Salomonische Urteil*. Von Carpaccio befinden sich hier: *Die Lanzenträger* und *Die Alten*. Ferner sind zu sehen: *Der heilige Ludwig von Toulouse* von Bartolomeo Vivarini, *Christus im Tempel* von Giovanni Mansueti, eine schöne *Madonna mit Kind* von Cima da Conegliano und ein *Heiliger Domenikus* von Cosmè Tura.

SAAL XXII - Der Saal ist für deutsche und flämische Maler des 16. Jahrhunderts bestimmt, vor allem für Hans Holbein, den großen Porträtmaler, der hier mit einem *Selbstbildnis* und dem *Porträt des Sir Richard Southwell* vertreten ist; von Gerard David stammt eine *Anbetung der Könige,* von Lukas von Leyden ein *Christus mit der Dornenkrone* und von Albrecht Altdorfer *Episoden aus dem Leben des Heiligen Florian.*

SAAL XXIII - Dieser Saal ist Antonino Allegri, genannt Coreggio (1489-1534) gewidmet, einem emilianischen Maler, der von Leonardo stark beeinflußt wurde. Von ihm sehen wir: eine *Glorienmadonna;* die *Ruhe auf der Flucht* und die *Anbetung des Jesuskindes.*

SAAL XXIV - Im allgemeinen geschlossen. Hier befinden sich Miniaturen italienischer und ausländischer Meister des 15. bis 18. Jahrhunderts.

ZWEITE GALERIE - Sie verbindet die beiden Baukörper der Uffizien.

Abbildungen links und rechts: *Mädchen, sich zum Tanz vorbereitend* und *Der Dornauszieher*, *(beides römische Kopien griechischer Originale)*

Hier sind verschiedene römische Skulpturen ausgestellt, darunter *Der Dornauszieher*, eine *Venus*, zwei Statuen römischer Frauen und ein wunderschönes *Mädchen, sich zum Tanz vorbereitend*. Der Vasari-Korridor, der luftlinienartig konzipierte Verbindungsweg zwischen dem Regierungssitz (Uffizien und Palazzo Vecchio) und dem großherzoglichen Palazzo Pitti, wurde 1565 im Auftrag Cosimos I. in nur fünf Monaten von Giorgio Vasari geschaffen. Der städtebaulich außergewöhnliche Korridor beginnt im Gebäude der Uffizien in der dritten Galerie zwischen Saal XXV und XXXIV: er verläuft an den drei Arkaden am Arno-Ufer, überquert den Fluß auf der Ponte Vecchio und setzt sich auf der anderen Seite durch verschiedene Gebäude bis zur Kirche Santa Felicita fort, führt an den Boboli-Gärten vorbei und stößt schließlich, nach insgesamt etwa einem Kilometer, auf den Palazzo Pitti.

Die Privatpassage der Großherzöge wurde im Zweiten Weltkrieg beschädigt und erst 1973 wiedereröffnet (Besichtigung nur mit Voranmeldung und in kleinen Gruppen). Der Korridor enthält etwa 700 Gemälde, u.a. Werke aus der italienischen Schule des 17. und 18. Jahrhunderts, die **Ikonographische Sammlung** (Porträts der Medici und Lothringer) sowie die vollständigste **Selbstporträt-Sammlung** der Welt, die Werke vom 14. Jahrhundert bis in die Gegenwart fast aller bedeutenden italienischen Maler und zahlreicher ausländischer Künstler umfaßt.

DRITTE GALERIE - Hier sind Skulpturen aus römischer Zeit ausgestellt, vor allem aus dem 2.-4. Jahrhundert n.Chr. Am Anfang zwei *Marsyas-Statuen*, die rechte wurde von Donatello ergänzt. Es folgen dann u.a. ein *Diskuswerfer*, *Leda mit dem Schwan* und Statuen verschiedener Gestalten aus der griechischen Mythologie.

Michelangelo: **Der Tondo Doni**

SAAL XXV - Unter den hier befindlichen Meistern des 16. Jahrhunderts ragt besonders Michelangelo Buonarroti hervor mit einem seiner seltenen Tafelbilder: Die *Heilige Familie,* auch Tondo Doni genannt, nach dem Namen des Auftragsgebers Angelo Doni. Daneben ein *Porträt Peruginos*, das Raffael zugeschrieben wird.

SAAL XXVI - In diesem Saal können wir bedeutende Gemälde von Raffael Sanzio bewundern: *Die Madonna mit dem Stieglitz; Leo X. mit den Kardinalen Giulio de'Medici und Luigi de'Rossi,* auf einer Staffelei ein *Selbstporträt* und das *Porträt von Francesco Maria della Rovere.* Ferner Manieristen wie Pontormo mit dem *Martyrium des Heiligen Mauritius* und einige *Porträts von Andrea del Sarto.* Del Sarto, von dem hier auch eines seiner Hauptwerke, die *Harpyen-Madonna,* zu sehen ist, wurde auch "der Maler ohne Fehler" genannt.

SAAL XXVII - Er ist dem italienischen Manierismus (16. Jhdt) gewidmet. Von Pontormo stammen das *Abendmahl,* die *Geburt des Johannes,* das *Porträt eines Musikers,* das *Porträt von Maria Salviati* und eine *Madonna mit Heiligen.* Von Bronzino dagegen sind die *Heilige Familie,* eine *Beweinung Christi,* und das *Porträt einer Edelfrau.*

SAAL XXVIII - Hier befinden sich die Meisterwerke von Tizian Vecellio (1477-1576), durch seine lichte und plastische Farbgebung der unbestrittene Meister der venezianischen Malerei: *Flora, Venus von Urbino,* die *Porträts von Eleonora Gonzaga und Francesso Maria della Rovere,* des *Herzogs von Urbino,* sowie *Venus und Cupido.* Palma il Vecchio, ein bedeutender venezianischer Maler, der Tizian nahesteht, ist vertreten mit einer *Auferweckung des Lazarus, Judith* und *Madonna mit Heiligen.*

Die Harpyen-Madonna, von *Andrea del Sarto;* Abbildung rechts und unten: Raffael: **Die Cardellino-Madonna** und **Selbstbildnis**

SAAL XXIX - Er enthält einige Meisterwerke von Parmigianino (1505-1540), wie die *Madonna mit Kind und Heiligen,* das *Porträt eines Unbekannten* und die herrliche *Madonna mit dem langen Hals.*

SAAL XXX - Hier sind Werke von Mazzolino ausgestellt, wie die *Beschneidung* und die *Madonna und die Heilige Anna mit den Kirschen,* sowie von anderen emilianischen Künstlern und Dosso Dossi, einem Meister aus Ferrara.

SAAL XXXI - Auch hier befinden sich Gemälde von Dosso Dossi: das *Porträt eines Kriegers,* eine *Madonna in der Glorie* und *Hexerei.* Außerdem Werke venezianischer Meister des 16. Jahrhunderts, wie Lorenzo Lotto und Sebastiano del Piombo.

SAAL XXXII - Werke von Sebastiano del Piombo (1485-1547), einem venezianischen Maler, der durch seine leuchtenden Farben charakterisiert wird: *Der Tod des Adonis.* Ebenfalls in diesem Raum: *Sacra Conversazione* und *Susanna im Bade* von Lorenzo Lotto, sowie zwei *Porträts* von Paris Bordone.

SAAL XXXIII - Hier befinden sich Gemälde italienischer und ausländischer Maler des 16. Jahrhunderts, darunter das *Porträt Franz I. von Frankreich* von Francois Clouet; das *Porträt von Torquato Tasso* von Alessandro Allori, die *Allegorie des Glücks* von Bronzino und die *Drei Menschenalter* von Jacopo Ligozzi.

SAAL XXXIV - Der Saal ist für Paolo Caliari, genannt Veronese (1528-1588) bestimmt, einen der größten venezianischen Maler des 16. Jahrhun-

Tizian: Venus von Urbino

derts, berühmt durch seine lichte und nuancenreiche Farbgebung und Komposition. Es befinden sich hier: *Die heilige Agathe wird von den Engeln gekrönt;* das *Martyrium der Heiligen Justina,* eine *Verkündigung* und eine *Heilige Familie.*

SAAL XXXV - Er ist dem großen Maler Jacopo Robusti, genannt Tintoretto (1518-1588) gewidmet, der besonders durch seine Hell-Dunkel-Effekte und seine bewegten und dramatischen Kompositionen hervorsticht. Unter den verschiedenen Werken machen wir besonders aufmerksam auf: *Die Samariterin; Die Erscheinung des Heiligen Augustinus; Leda,* das *Porträt von Jacopo Sansovino* und das *Porträt eines rothaarigen Mannes.* Von Jacopo Bassano stammen das *Porträt eines Künstlers,* die *Josephsgeschichte* und die *Verkündigung der Hirten.*

Wir gehen uns direkt zu Saal XLI, da Saal XXXVI und XL, nach der Wiederöffnung der antiken Treppe von Bernardo Buontalenti, geschlossen wurden.

SAAL XLI - Der Raum ist den flämischen Malern Rubens und Van Dyck vorbehalten. Von Peter Paul Rubens (1577-1640) kann man hier die großen Gemälde *Der triumphale Einzug Heinrichs IV. in Paris* und *Heinrich IV. in der Schlacht von Ivry* bewundern, sowie ein *Porträt der Isabella Brandt* und ein *Porträt Kaiser Karls V.* Sehenswert ist hier auch das *Porträt Galleo Galileis* von Sustermans.

SAAL XLII - Dieser große Saal enthält neben den Statuen *Niobe* und *Niobiden,* römischen Kopien nach hellenistischen Originalen des 3. bis 2. Jahrhundert v.Chr., ein *Medici-Vase,* neuattische Kunst des 3. bis 2. Jahrhundert v.Chr. und *ein Pferd, zum Sprung ansetzend,* römische Kunst.

Federico Barocci: **Noli me tangere**

SAAL XLIII oder Caravaggio-Saal - Hier werden von Caravaggio (1573-1610) *Medusa*, der *Bacchus* und die *Opferung Isaaks* ausgestellt.

SAAL XLIV - Der Raum enthält Werke von Rembrandt van Rijn (1606-1669): Zwei *Selbstporträts* und *Porträt eines alten Mannes*.

SAAL XLV - Hier sind zwei bezaubernde *Ansichten von Venedig* von Canaletto (1697-1768) ausgestellt; ferner zwei herrliche Arbeiten von Goya (1746-1828) und zwei *Capricci* von Francesso Guardi (1712-1793).

DRITTER RUNDGANG III

PIAZZA DELLA REPUBBLICA - STROHMARKT
PONTE VECCHIO - PALAZZO PITTI
BOBOLI-GÄRTEN - SANTO SPIRITO
SANTA MARIA DEL CARMINE

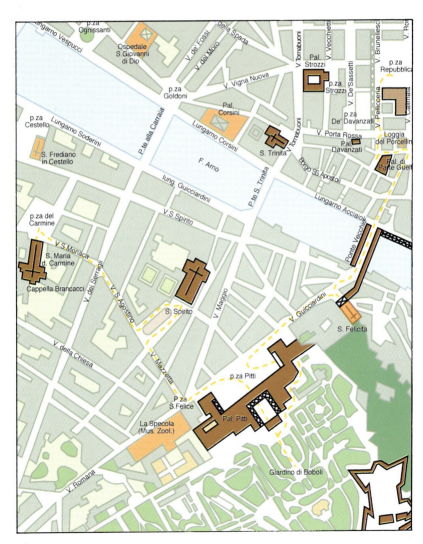

PIAZZA DELLA REPUBBLICA

An der Stelle des heutigen Platzes lag zur Römerzeit das Forum mit dem Jupitertempel; eine Säule bezeichnete die Kreuzung zwischen den beiden Hauptachsen *Cardo* und *Decumanus* (heute Via degli Speziali / Via Strozzi und Via Calimala / Via Roma). Im Mittelalter wurde das Gelände vom Mercato Vecchio mit seinen kleinen Häusern, Kirchen, Türmen, Loggien, Lagerräumen und Läden eingenommen, und die seither *Colonna del Mercato* genannte Säule krönte eine *Statue der Abbondanza*. Nach einer Choleraepidemie im 19. Jahrhundert beschloß die Stadt, den jahrhundertealten "Schandfleck" zu beseitigen, wie eine Inschrift an der Mittelarkade besagt, aber mit der Zerstörung dieses Viertels wurde auch ein Stück lebendige Stadtgeschichte für immer ausgelöscht.

Von der Piazza della Repubblica aus erreicht man über die Via Pellicceria (mit Portiken) den **Palagio dei Capitani di Parte Guelfa** an der Piazza di Parte Guelfa. Der im 14. Jahrhundert errichtete Palast mit kleiner, fein gezeichneter Fassade und Außentreppe wurde zunächst im 15. Jahrhundert (teilweise von Brunelleschi) und später im 16. Jahrhundert durch Vasari erweitert. Mit dem Sieg der Guelfen über die Ghibellinen 1267 wurde der Palast Sitz der mächtigen Magistratur. Links des Gebäudes kommt man durch die Via Valdilamona zum **Strohmarkt** (Mercato della Paglia). Der charakte-

Abbildungen von oben nach unten:
Piazza della Repubblica und der
Palagio dei Capitani di Parte Guelfa

ristische und stets belebte Markt für florentinisches Kunstgewerbe wird unter der von Giovanni Battista del Tasso (1547-51) errichteten **Loggia del Mercato Nuovo** abgehalten; die quadratische Säulenhalle entstand unter Cosimo I. als Handelsplatz für einige der bedeutendsten Zünfte wie die der Bankiers, Goldschmiede und der die Woll-und Seidenhändler. An einer Seite steht der reizende *Wildschweinbrunnen* (Fontana del Porcellino) von Pietro Tacca (1612).

Der Wildschweinbrunnen von *Pietro Tacca* (Bronzekopie);
Abbildung unten: ***Büste von Benvenuto Cellini*** (*Raffaello Romanelli*)

Die an dem kleinen Platz linkerhand der **Via Por Santa Maria** im Jahre 1115 erstmals urkundlich erwähnte **Kirche Sanctus Stephanus ad Portam Ferream** ist nach einem Stadttor in der Nähe des Ponte Vecchio benannt. In der schlichten, romanischen Fassade liegt ein zweifarbig marmorverziertes Portal. Das einschiffige Innere weist Umbauten von Ferdinando Tacca aus dem 17. Jahrhundert auf; wunderschön das Presbyterium mit vorgelagerter Treppe von Buontalenti (1574); auf beiden Seiten befinden sich Altäre. Sehenswert der Chor mit reichverzierter Holzdecke aus dem 17. Jahrhundert; am dritten Altar links ein bronzenes Antependium mit dem *Martyrium des Hl. Stephan* von Tacca.

PONTE VECCHIO

Die älteste Brücke der Stadt stammt aus der Römerzeit; damals ruhte sie auf Steinpfosten und besaß eine hölzerne Fahrbahn. Nach einem Hochwasser im Jahre 1117 errichtete man eine neue Steinbrücke, die jedoch bei einer verheerenden Überschwemmung am 4. November 1333 zusammenbrach. Der 1345 durchgeführte Brückenbau (möglicherweise durch Taddeo Gaddi, Maler und Architekt) mit drei Bogenstellungen sah bereits beidseitig Werkstätten in den auf Konsolen und Streben ruhenden Hinterräumen vor. Anfangs ließen sich hier

Ponte Vecchio; Abbildung unten: *Ponte Vecchio mit den Goldschmiedewerkstätten*

Metzger, später auch Lebensmittelhändler, Schmiede, Schuster usw. nieder, die 1591 auf Anordnung Ferdinandos I. ihre Läden räumen mußten; an ihrer Stelle zogen die Goldschmiede ein, und noch heute sind die Juweliergeschäfte auf dem Ponte Vecchio eine besondere Attraktion der Stadt. In einer Rundung auf halber Höhe steht eine *Büste des Golschmiedemeisters Benvenuto Cellini* von Raffaello Romanelli (1900).

An der **Via Guicciardini**, die vom Ponte Vecchio zum Palazzo Pitti führt, steht auf dem gleichnamigen kleinen Platz die **Kirche Santa Felicita,** die an der Stelle einer frühchristlichen Basilika des 6. Jahrhunderts erbaut wurde. Der jüngste Neubau stammt von Ruggieri aus dem 18. Jahrhundert. Am oberen Fassadenabschnitt verläuft der Vasari-Korridor, der sich bis zum Palazzo Pitti fortsetzt; auf den beiden Emporen wohnten die mediceischen Großherzöge den Gottesdiensten bei. Über dem Altar in der **Cappella Capponi** (die erste rechts) eine meisterliche *Kreuzabnahme* mit durchscheinendem, schillerndem Farbenspiel von Pontormo (um 1528); an der rechten Wand eine *Verkündigung*, ebenfalls von Pontormo. In der Sakristei ein schönes *Polyptychon* von Taddeo Gaddi.

Palazzo Pitti; Abbildung unten: *Giusto di Utens:* **Palazzo Pitti und die Boboli-Gärten im Jahre 1599**

PALAZZO PITTI

Mitte des 15. Jahrhunderts hatten die Medici ihre Macht bereits stark gefestigt, und von seinem Palast in der Via Larga leitete Cosimo il Vecchio die Geschicke der Stadt. Luca Pitti, Freund und politischer Gegenspieler, gehörte einer reichen Kaufmannsfamilie an, und sein größter Ehrgeiz war es, einen Palast zu besitzen, der noch herrlicher war als der, den Michelozzo für die Medici baute. Nachdem er das geeignete Grundstück am Boboli-Hügel gefunden hatte, wandte er sich an Brunelleschi. Dieser ließ sich nicht lange bitten (hatte doch Cosimo sein Projekt für die Via Larga seinerzeit abgelehnt) und lieferte um 1445 die Pläne für ein gigantisches Gebäude, in dessen Innenhof man den gesamten Medici-Palast hätte hineinsetzen können. Die Arbeiten begannen im Jahre 1457 (nach dem Tod des Meisters) unter Luca Fancelli, einem Schüler Filippos. Der ursprüngliche Bau umfaßte nur den Mitteltrakt mit sieben Fenstern; die zum Platz weisende, dreigeschossige Rustikafassade wurde durch laufgangähnliche Balkone unterteilt.

Der Innenhof, nach Plänen von *Bartolomeo Ammannati*

Als Luca Pitti 1473 starb, war der Palast noch nicht fertiggestellt. Nach dem Bankrott der Familie Pitti wurden die Arbeiten unterbrochen und -Ironie des Schicksals- durch die Medici wiederaufgenommen: Eleonora di Toledo, die Gattin Cosimos I., erwarb 1549 das Gebäude und die dahinterliegenden Grundstücke. Im 16. und 17. Jahrhundert machten die Medici den Palast zu ihrer Residenz, schufen die Gartenanlage auf dem Boboli-Hügel, ließen die Fassade durch Giulio und Alfonso Parigi um neun Fenster je Seite erweitern und statteten das Innere auf das Prächtigste aus. Im 18. Jahrhundert fügten Ruggieri und Poccianti im Auftrag der Lothringer die beiden Portikusflügel (Rondo) hinzu. Sämtliche Anbauten respektieren in Material und Form das Grundkonzept Brunelleschis. In der Zeit, als Florenz Hauptstadt Italiens war (1865-71), bewohnte Vittorio Emanuele II. den Palast, der 1919 in italienischen Staatsbesitz überging, einschließlich der unschätzbaren Sammlungen, die seine kunstliebenden Besitzer im Laufe der Jahrhunderte zusammengetragen hatten. Der Palast beherbergt derzeit sieben bedeutende Sammlungen: **Galleria Palatina, Appartamenti Monumentali, Museo degli Argenti, Galleria d'Arte Moderna, Galleria del Costume, Museo delle Carrozze** und **Museo delle Porcellane.**

Vom Hauptportal gelangen wir in den gewaltigen **Innenhof** von Ammannati (1558-1570) mit erhöhter Terrasse und dem schönen *Artischockenbrunnen.* An der Stirnseite zwei kleine Brunnen, Herkules gewidmet. In der Mitte die *Moses-Grotte* (17.Jhdt.) mit allegorischen Marmorskulpturen. Vom Hof führt eine Treppe ins Obergeschoß des Palastes, wo der Eingang zur Galleria Palatina liegt.

Peter Paul Rubens: ***Die Folgen des Krieges***

GALLERIA PALATINA

SAAL DER VENUS -Das Deckenfresko stammt von Pietro da Cortona und seinem Gehilfen Ciro Ferri; die schönen Stuckaturen wurden von römischen Künstlern ausgeführt (1641-1642). Hier befindet sich das berühmte *Porträt einer Dame*, genannt "La Bella" (Die Schöne) von Tizian; wahrscheinlich handelt es sich um ein *Porträt der Herzogin Eleonora Gonzaga von Urbino;* ferner die *Sacra Conversazione* von Bonifacio de'Pitati, ein *Seestück* von Salvator Rosa, das *Porträt Pietro Aretinos*, ein Spätwerk von Tizian. Ebenfalls von Tizian stammt das *Porträt von Julius II.*, eine Kopie nach Raffael, dem man früher dieses Bild als Jugendwerk zuschrieb. Ferner *Das Konzert*, früher Giorgione zugeschrieben; es handelt sich jedoch um ein Frühwerk Tizians, als dieser noch unter dem Einfluß Giorgiones stand. Von Peter Paul Rubens dagegen stammen zwei Gemälde: *Heimkehr der Bauern vom Feld* und *Odysseus auf der Insel der Phaaker*. Von Francesco Bassano stammt das *Martyrium der Heiligen Katharina* und von Guercino *Apoll und Marsyas*.

SAAL DES APOLL -Auch das Deckenfresko dieses Saales stammt von Pietro da Cortona und Ciro Ferri (1647-1660). Hier sind weitere bedeutende Werke von Tizian ausgestellt, wie z.B. die *Magdalena* und *Der Mann mit den grauen Augen*, eines der berühmtesten Porträts des großen Meisters und von einer rätselhaften Faszination. Außerdem das *Porträt des Vincenzo Zeno*, eine sehr feine Arbeit von Tintoretto. Ferner: *Die von einem Satyr verfolgte Nymphe* und *Johannes der Täufer* von Dosso Dossi, die *Heilige Familie* und eine großartige *Kreuzabnahme* von Andrea del Sarto; *Madonna und Heilige*, ein Meisterwerk des Florentiner Manieristen Rosso Fiorentino; ebenfalls von Andrea del Sarto ein schönes *Selbstporträt* und schließlich das *Doppelporträt von Karl I. von England und Henriette von Frankreich*, von Anthonis Van Dyck.

SAAL DES MARS -Das Fresko mit *Mars und Herkules* an der Decke stammt

Tizian: ***Magdalena;*** Abbildungen rechts und unten: *Raffael:* ***La Velata** (Die verschleierte Frau); **Vittoria**,* Marmorstatue von *Vincenzo Consani*

ebenfalls von Pietro da Cortona und Ciro Ferri (1643-1645). Außer zwei schönen Gemälden *Madonna mit Kind* von dem spanischen Maler Murillo enthält der Saal die *Vier Philosophen* von Rubens, wobei sich der Meister in der ersten, linksstehenden Gestalt selbst porträtiert hat. Ferner das *Porträt von Daniele Barbaro* von Veronese; das großartige, ebenfalls von Rubens stammende Gemälde *Die Folgen des Krieges*, das 1638 in Antwerpen im Auftrag von Ferdinand II. entstand und durch den Dreißigjährigen Krieg inspiriert wurde, ist ein bedeutendes Beispiel der großen Ausdruckskraft des Künstlers. Von Tizian stammen zwei schöne Porträts: *Ippolito de'Medici* und *Andrea Vesalio*; von Van Dyck stammt das *Porträt des Kardinals Bentivoglio*; es ist als eines der besten Werke seines Schaffens zu bezeichnen. Tintoretto schuf das *Porträt von Luigi Cornaro*. Außerdem folgen Werke von Guido Reni und Guercino.

SAAL DES JUPITER -Die mythologischen Szenen an der Decke sind das Werk von Pietro da Cortona und Ciro Ferri (1643-1645). In der Mitte des Saales eine Marmor-Statue, den *Sieg* symbolisierend, von Vincenzo Consani (1867). An den Wänden: die sehr berühmte *Velata*, die verschleierte Frau, ein hervorragendes Porträt von Raffael; wahrscheinlich handelt es sich dabei um Fornarina, seine Geliebte, der er bis zu seinem Tode treu blieb, und die ihm auch für andere Bilder als Modell diente. Ferner: *Die Schlacht* von Borgognone; das *Doppel-Selbstporträt* von Andrea del Sarto und seiner Gemahlin; vom gleichen Maler eine *Verkündigung* in sehr feiner Ausführung; das *Porträt von Guidobaldo della Rovere* von Bronzino; eine von *Satyrn verfolgte Nymphe* von Rubens und eine *Kreuzabnahme* von Fra' Bartolomeo.

SAAL DES SATURN - Das Deckenfresko stammt von Ciro Ferri (1643-1645) nach einem Entwurf von Pietro da Cortona. In diesem Saal befinden sich viele bedeutende Werke von Raffael: die *Madonna della Seggiola*, ein Bild aus den ersten Jahren in Rom, wobei die starke Plastizität der Farben auffällt. Des weiteren ein *Porträt des Kardinals Dovizi Bibbiena*; *Die Madonna des Baldachins*, ein unvollendetes Werk. Die *Porträts von Angelo und Maddalena Doni*, sowie die berühmte *Madonna del Granduca* (1505). Außerdem befinden sich hier Werke von Perugino: *Kreuzabnahme* und *Maria Magdalena*. Von Ridolfo del Ghirlandaio stammt das *Porträt eines Goldschmiedes* und von Guercino ein *Heiliger Sebastian*.

SAAL DER ILIAS - Die Decke wurde von Luigi Sabatelli mit Episoden aus dem Epos von Homer ausgemalt. In der Mitte eine Statue, die *Caritas* darstellend, von Lorenzo Bartolini (1824). Unter den hier befindlichen Werken machen wir besonders aufmerksam auf das berühmte *Reiterporträt Philipps IV. von Spanien* von Velazquez, ferner auf eine Reihe interessanter Porträts aus dem späten 16. und frühen 17. Jahrhundert, darunter das *Porträt von Waldemar Christian von Dänemark*, das als das Meisterwerk von Sustermans, dem offfiziellen Hofporträtisten der Medici gilt. Außerdem das *Porträt König Philipps II. von Spanien* von Tizian, *Mariae Himmelfahrt* von Andrea del Sarto und das *Porträt einer Frau*, genannt "La Gravida" von Raffael; dieses Bild entstand in Florenz, als der Maler noch unter dem Einfluß Leonardos stand.

SAAL DER ERZIEHUNG DES JUPITER - Er liegt rechts vom Saal der Ilias und trägt seinen Namen nach dem entsprechenden Deckenfresko von Luigi Catani (1819). An den Wänden ein interessantes *Porträt eines Mannes* von Anthonis Van Dyck, *Schlafender Amor*, ein Meisterwerk Caravaggios; *Judith* von Cristoforo Allori; man sagt, bei dem Kopf des Holofernes handele es sich um ein Selbstporträt des Meisters. Ferner eine *Pietà* von Francesco Salviati und die *Keusche Susanne* von Guercino.

SAAL DELLA STUFA - Die Wände sind mit Fresken von Matteo Rosselli und Pietro da Cortona bedeckt.

BADEZIMMER - Neuklassischer Stil von Giuseppe Cacialli.

SAAL DES ODYSSEUS - Das Deckenfresko, mit der *Rückkehr des Odysseus nach Ithaka* von Gaspare Martellini, soll die Rückkehr Ferdinands I. nach Florenz nach seiner Wiedereinsetzung als Herrscher symbolisieren. Der Saal ent-

La "Gravida"; Abbildungen rechts und unten: *Raffael: **Madonna dell'Impannata**; Botticelli: **La Bella Simonetta***; Abbildung vorherige Seite: *Raffael: **Madonna della Seggiola***

hält mehrere Werke von Carlo Dolci, *Ecce Homo* von Cigoli; das *Porträt Andrea Friziers* von Tintoretto; *Tod der Luerezia* von Filippino Lippi, die *Madonna dell'Impannata* von Raffael sowie das *Porträt des Alfonso di Ferrara,* das Tizian zugeschrieben wird.

SAAL DES PROMETHEUS -Die Decke und die oberen Teile der Wände sind mit Fresken bedeckt, welche die *Geschichten des Prometheus* (von Giuseppe Collignon, 1842) darstellen. An den Wänden: *Das Martyrium der 11.000 Märtyrer* von Pontormo; eine *Heilige Familie* von Mariotto Albertinelli sowie ein Gemälde mit gleichem Sujet von Luca Signorelli. Ferner der sehr schöne Tondo *Madonna mit Kind* von Filippo Lippi und eine *Madonna mit Kind und Engeln* von Francesco Botticini.

GALLERIA POCCETTI -Der Name stammt von einem Maler des 15. Jahrhunderts, der das Deckenfresko schuf. Hier sind zwei Porträts von Rubens ausgestellt, sowie *Hylas und die Nymphen* von Francesco Furini.

MUSIKSAAL -Er wird auch Trommelsaal genannt wegen der originellen Formen der sich hier befindenden Möbel. Der Tisch in der Mitte ist aus russischem Malachit und hat einen vergoldeten Bronzefuß.

CASTAGNOLI-SAAL -Nach Malereien von

Giovanni da San Giovanni: **Die Hochzeitsnacht;**
Abbildung unten: **Saal der Allegorien**

Castagnoli (19. Jhdt.). In der Mitte der sog. *Musentisch* mit Einlegearbeiten in Halbedelsteinen aus einer Florentiner Werkstatt (1851). In der Mitte *Apoll auf der Quadriga*, umringt von *Musen*; der bronzene Fuß mit *Jahreszeiten und Putten* von Giovanni Dupré (19.Jhdt.).

SAAL DER ALLEGORIEN -Er wird auch Volterrano-Saal genannt, nach den allegorischen Fresken von Baldassarre Franceschini, genannt Volterrano. Er schuf auch die *Streiche des Pfarrers Arlotto; Bestechlicher Amor und Schlafender Amor, Madonna mit Kind* von Artemisia Gentileschi *Venus und Amor* und die *Hochzeitsnacht* stammen von Giovanni da San Giovanni.

SAAL DER KÜNSTE -Das Deckenfresko stammt von Podestà aus dem vorigen Jahrhundert. An den Wänden eine *Anbetung der Könige* von Cristoforo Allori und Werke von Dolci, Ligozzi und Rustici.

TRUHENSAAL -Der Saal im klassizistischen Stil wurde von Pietro Benvenuti mit den *Geschichten des Herkules* ausgemalt. In der Mitte eine herrliche *Vase aus Sèvres*, ein Geschenk Napoleons an Ferdinand III.

EHEMALIGE, KÖNIGLICHE GEMÄCHER -In der ehemaligen Residenz der Familie Medici und des Hauses Lothringen

Thronsaal

richtete man später die Repräsentationsraume des Hauses Savoyen ein.

Wir betreten zuerst den SPEISESAAL, auch Nischensaal genannt, mit Porträts von Mitgliedern der Familie Medici, Werke des Hofmalers Sustermans.

Es folgen der GRÜNE SAAL mit französischen Gobelins und Wandfresken von Lusa Giordano -mit allegorischen Themen zur Verherrlichung des Hauses Medici.

Anschließend der THRONSAAL mit Porträts von Sustermans und Francesso Porbus, sowie herrliche Vasen aus Majolika.

Weiter folgt der BLAUE SAAL mit französischen Gobelins, Porträts von Sustermans und wunderschönen chinesischen Vasen.

Wir kommen jetzt in die KAPELLE, mit Porträts mediceischer Kardinäle von Sustermans, sowie zum PAPAGEIEN-SAAL, so genannt nach den Motiven an den Tapeten. An den Wänden das *Porträt der Herzogin von Urbino* von Tizian und das *Porträt Franz' I.* von Hans von Aachen.

Es folgt der GELBE SAAL mit Gobelins und Porträts, darunter das der Kurfürstin, J.F. Douven zugeschrieben, sowie das Schlafzimmer der Königin mit wunderschönen Empire-Möbeln.
In den Papageien-Saal zurückgekehrt, gelangt man zu den Wohnräumen des Königs Umberto I, mit Wandteppichen und Porträts ausgeschmückt, während den BONA-SAAL Fresken von Poccettti (17. Jahrhundert) verschönern.

Giovanni Fattori: **Brunelleschi macht die Eierprobe;** Abbildung unten: **Vase aus Halbedelstein** aus der Medici-Sammlung

Im WEISSEN SAAL, auch Ballsaal genannt, veranstalteten die Lothringer wie die Savoyer Empfänge und Zeremonien.

Nach dem Besuch der Galleria Palatina und der Appartamenti Monumentali begibt man sich ins zweite Stockwerk, wo die Gallerie für Moderne Kunst untergebracht ist.

MUSEUM FÜR MODERNE KUNST -Diese Gemäldegalerie wurde 1800 von der provisorischen Regierung der Toskana geschaffen und birgt Kunstwerke des 19. Jahrhunderts aus der Zeit des Klassizismus, des sogenannten "akademischen Stils" und der "Macchiaioli". Die Maler dieser Richtung lösten sich von jeder akademischen Konvention, der direkte Kontakt mit der Wirklichkeit war für sie die Quelle ihrer Inspiration, für die sie eine emotive und malerische Synthese fanden. An der Spitze der Macchiaioli stand Giovanni Fattori, andere bedeutende Vertreter waren Silvestro Lega, Telemaco Signorini, Giuseppe Abbati, Raffaele Sernesi u.a.. Ferner sind hier Werke zeitgenössischer Künstler zu sehen.

SILBERMUSEUM -Das 1919 gegründete Museo degli Argenti ist im Erdgeschoß des Palaz-

Geschmeide aus der Sammlung Palatina: **Der Hahn** *und* **Der Fischer**

zo Pitti untergebracht. Von besonderem Interesse sind der von Giovanni da San Giovanni ausgeschmückte Saal und die drei anschließenden Räume mit Fresken von Colonna und Mitelli (1638 bis 1644). Die wertvolle Sammlung umfaßt Goldschmiedearbeiten, Emails, Gemmen, Kristall und kostbare, mit Halbedelsteinen verarbeitete Gegenstände, die vom großen Kunstverständnis der Medici und Lothringer zeugen. Bemerkenswert die Halbedelsteinvasen aus dem Besitz des Lorenzo il Magnifico, deutsche Ebenholzkunst des 17. Jahrhunderts, die *Lapislazuli-Vase* von Buontalenti (1583), die Schmucksammlung der Fürstbischöfe von Salzburg und ein Relief aus Gold, Email und Halbedelsteinen mit *Cosimo II. beim Gebet* aus dem 17. Jahrhundert.

KUTSCHEN-MUSEUM (Museo delle carozze) Eingang unter der "Ron dò"-Arkade auf der rechten Seite). -Das Museum enthält eine interessante Sammlung von Kutschen und Pferdegeschirr aus der Zeit des 16. bis 19. Jahrhunderts. Im ersten Saal Zaumzeug und kostbares Geschirr der Medici und aus dem Hause Savoyen. Drucke über die mediceischen Hofsitten der letzten Periode vervollständigen den Überblick. -Im zweiten Saal sind Kutschen und Sänften zu sehen, u.a. die *Sänfte der toskanischen Großherzogin Maria Luisa*; die *Kutsche des Herzogs von Modena, Francesco II.,* aus dem Jahre 1500; die *Kutsche Leopolds II., Herzog der Toskana,* aus dem Jahre 1815; die *Kutsche des Königs von Neapel, Ferdinand II.,* 1839; die *Karosse der Caterina de'Medici* und der *Stuhl Cosimos II.,* den der Herzog wegen eines Beinleidens zum Treppensteigen benutzte.

Wieder auf dem Platz, befindet sich links vom Palazzo Pitti das Eingangstor zu den Boboli-Gärten.

Palazzo Pitti, von den Boboli-Gärten aus gesehen

BOBOLI-GÄRTEN

Die Anlage des Gartens auf dem Boboli-Hügel fällt mit dem Umbau des Palazzo Pitti durch Cosimo I. und Eleonora di Toledo (Mitte 16. Jahrhundert) zusammen. Der Architekt und Bildhauer Niccolò Pericoli, "Il Tribolo" genannt, befaßte sich mit der Planung der weitläufigen Außenräume unter Anwendung neuer, in der Renaissance (und später im Barock) entwickelter Gartenbautheorien. Der Renaissancegarten wird jetzt, anders als im Mittelalter, zum Machtsymbol des Fürsten: der Park ist Schauplatz spektakulärer Festlichkeiten, Tanz-und Theaterkulisse und Vergnügungsort für den Hofstaat, allegorisches "Itinerarium" in einem von Statuen, Grotten und Fontänen bevölkerten Wald. Trotz zahlreicher späterer Veränderungen blieben die Boboli-Gärten in ihren wesentlichen Aspekten erhalten. Am Eingang der kuriose *Bacchus-Brunnen* von Valerio Cioli, der hier einen Hofzwerg Cosimos I., auf einer Schildkrote reitend, verewigte. In der sich anschließenden *Grotte des Buontalenti* (1583) manifestieren sich die ausgefallenen Wünsche Francescos I.: der erste Raum ist eine täuschend echte Nachbildung einer Tropfsteinhöhle, deren Felsformen bei näherem Hinsehen Tierfiguren gleichen: An den Ecken Kopien der vier *Sklaven* von Michelangelo, die ursprünglich hier aufgestellt waren (heute in der Galleria dell'Accademia); im nächsten Raum die Gruppe

Der Ozeanbrunnen von *Giambologna*;
Abbildung unten: *Der Bacchus-Brunnen*

Paris und Helena von Vincenzo Rossi; eine kleine Grotte mit einer *Venus* von Giambologna beschließt die Anlage. Der Weg führt dann zu dem im Cinquecento gebauten *Amphitheater*, der Obelisk in der Mitte ist eine Kriegstrophäe aus Luxor, die zur Kaiserzeit nach Rom gelangte. Links steigt man zum *Neptunsbrunnen* und *Kavaliersgarten* mit dem **Porzellanmuseum** hinauf. Eine breite *Allee* führt rechts hügelabwärts zu einer großzügigen romantischen Teichanlage, dem *Isolotto*; in der Mitte eine mit Zitrusbäumchen bestandene, künstlich angelegte Insel und der *Ozeanbrunnen* von Giambologna.

V̌on der Piazza Pitti führt die kurze Via Mazzetta zur malerischen **Piazza Santo Spirito**, wo sich unmittelbar rechts (Haus Nr. 10) der schöne **Palazzo Guadagni** erhebt. Der Palast mit zwei Ordnungen gekrümmter Fenster, luftiger Loggia im oberen Teil und schmiedeeiserner Laterne an der Gebäudeecke wird Cronaca zugeschrieben (1503-1506).

Piazza Santo Spirito

SANTO SPIRITO

Die Kirche Santo Spirito befindet sich auf dem diesseitigen Arno-Ufer in einem der volkstümlichsten Stadtviertel von Florenz. Im Originalentwurf von Filippo Brunelleschi (1444) wies die Fassade auf einen großen Platz am Arno, doch scheiterte die Durchführung am Widerstand der dortigen Grundstücksbesitzer, so daß die Kirche heute auf einen bescheidenen, baumumstandenen Marktplatz weist. Nach dem Tod Brunelleschis führte Antonio Manetti das Innere getreu nach den Plänen des Meisters aus, während die schlichte Fassade im 17. Jahrhundert gebaut wurde. Den eleganten **Glockenturm** errichtete Baccio d'Agnolo (1503-1517). Harmonisches Gleichmaß und vollendeter Rhythmus skandieren den lichten, feierlichen **Innenraum**. Die wunderschönen monolithischen Säulen tragen korinthische Kapitelle. Die Mitte des Altarraumes nimmt der barocke Hochaltar von Giovanni Caccini (1608) ein; im rechten Querschiff eine schöne *Madonna mit dem Kind, Heiligen und Stiftern* von Filippo Lippi (um 1490) mit einer interessanten Ansicht von Florenz. In der Apsis ein Polyptychon von Maso di Banco, *Madonna mit Kind und Heiligen*; über einem Altar ein Tafelgemälde mit den *Heiligen Märtyrern* von Alessandro Allori (1574; auf der Predella die erste Fassade des Palazzo Pitti). Im linken Querschiff befindet sich die **Cappella Corbinelli**, ein Meisterwerk der Architektur und Skulptur von Andrea Sansovino (1492); daneben *Dreifaltigkeit und die Heiligen Katharina und Magdalena,* Francesco Granacci zugeschrieben; im linken Seitenschiff ein von Cronaca (1494) erbautes Vestibul mit schönem Tonnengewölbe;

Santo Spirito: *Innenansicht*; Abbildung rechts: *Dreifaltigkeit und die Hiligen Santa Katharina und Magdalena*, Francesco Granacci zugeschrieben

anschließend die herrliche **Sakristei** mit zentralem Grundriß und Kuppel nach Plänen von Giuliano da Sangallo (1492). Bei Verlassen der Kirche liegt rechts der Eingang zum **Cenacolo di Santo Spirito**, Refektorium des ehemaligen Augustinerklosters; an der Rückwand ein großes Fresko von Andrea Orcagna (um 1360); dargestellt sind in zwei übereinandergelagerten Bildern eine ergreifende *Kreuzigung* und ein *Letztes Abendmahl* (leider sehr schlecht erhalten).

Nach Überqueren des Platzes stößt man rechterhand auf die Via Sant'Agostino, die hinter der Kreuzung der Via dei Serragli in die Via Santa Monaca einmündet. Von hier aus sind es nur wenige Schritte bis zur **Piazza del Carmine.**

SANTA MARIA DEL CARMINE

Die zweite bedeutende Kirche auf dem anderen Arno-Ufer wurde 1268 von Karmelitern gegründet. Bei einem verheerenden Brand im Jahre 1771 blieben nur die Corsini- und Brancacci-Kapelle sowie die Sakristei erhalten. Einige Jahre später erfolgte der Wiederaufbau; die strenglinige, hohe Natursteinfassade blieb unvollendet. Das **Innere** ist im Stil des 18. Jahrhunderts ausgestattet. An der Stirnseite des linken Querschiffes befindet sich die **Corsini-Kapelle**, ein Meisterwerk von Silvani und Foggini aus dem 17. Jahrhundert; die Deckenfresken von Luca Giordano stellen die *Apotheose des Hl. Andrea Corsini* dar (1682). An der Stirnwand im gegenüberliegenden Transept

Santa Maria del Carmine

liegt die weltberühmte **Brancacci-Kapelle**, deren Fresken von fundamentaler Bedeutung für die Entwicklung der abendländischen Kunstgeschichte sind. Mit der Ausmalung der Kapelle wurde 1425 im Auftrag des reichen Florentiner Kaufmannes und Diplomaten Felice Brancacci begonnen; die Arbeiten übernahm Masolino da Panicale, ein der Gotik noch stark verhafteter Künstler, der den damals in der toskanischen Malerei aufkeimenden, neuen Tendenzen offen gegenüberstand. Unbestrittener Wegbereiter und Erneuerer der Malerei war Masolinos Mitarbeiter für die Brancacci-Kapelle: Masaccio. Als sein Meister für zwei Jahre nach Ungarn gerufen wurde, führte der junge Künstler die Arbeiten selbständig weiter, brachte sie aber aus nie geklärten Gründen nicht zur Vollendung (man vermutet, daß er in größtem Elend lebte und aus diesem Grunde die Stadt verlassen mußte); Filippino Lippi stellte die Kapelle zwischen 1481 und 1485 fertig. Die Fresken der Brancacci-Kapelle waren Gegenstand grenzenloser Bewunderung durch Künstler wie Verrocchio, Angelico, Leonardo, Botticelli, Perugino, Michelangelo und Raffael. Die stark dramatische Bildaussage, die wirklichkeitsnahe Schilderung bar aller überflüssigen Details lassen Einflüsse Giottos erkennen, doch stehen wir hier vor dem ersten genialen Maler der italienischen Renaissance. Die dichten Szenen der beiden Freskenzyklen haben die *Erbsünde* und *Szenen aus dem Leben des Hl. Petrus* zum Thema; beeindruckend die *Vertreibung aus dem Paradies,* eine von dramatischer Spannung beseelte Komposition im Vergleich zu Masolinos *Versuchung von Adam und Eva* auf der gegenüberliegenden Wand. An der Szene *Petrus heilt einen Lahmen und erweckt Tabita* arbeiteten beide Künstler gemeinsam, während *Der Hl. Petrus tauft die Neophiten, Der Zinsgroschen* und *Petrus heilt durch seinen Schatten* Meisterwerke Masaccios sind.

*Masaccio: **Vertreibung aus dem Paradies;** Abbildung rechts und unten:*
*Masolino: **Vertreibung aus dem Paradies** und Masaccio: **Pagamento del Tributo***

VIERTER RUNDGANG

PIAZZA DEL DUOMO - VIA TORNABUONI
PALAZZO STROZZI - SANTA TRINITA
PALAZZO DAVANZATI - SANTA MARIA NOVELLA

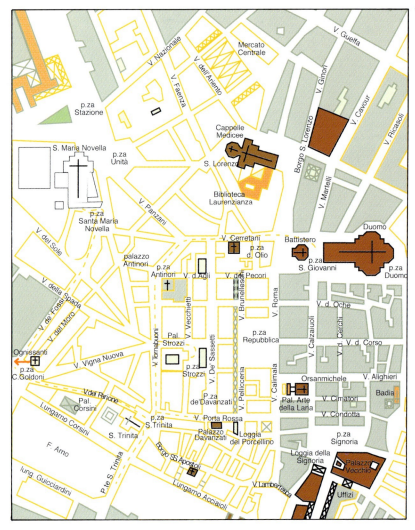

Via dei Cerretani -Dies ist eine der belebtesten Straßen der Stadt, die den Domplatz mit dem Hauptbahnhof verbindet. An einem gewissen Punkt finden wir links die Seitenfassade der **Kirche Santa Maria Maggiore**, eine sehr alte Kirche, die innerhalb der alten Stadtmauern lag, mit Spuren des romanischen Originalbauwerks aus dem 10. Jahrhundert. Die Kirche wurde Ende des 13. Jahrhunderts neu erbaut. Am Portal *Madonna mit Kind*, eine Plastik aus der Pisaner Schule des 14. Jahrhunderts. Im Innern drei Schiffe mit Spitzbögen. Hier befindet sich das *Grabmahl von Brunetto Latini*, dem Lehrer Dantes. In der Kapelle links vom Presbyterium eine *Madonna auf dem Thron*, ein Tafelbild mit Relief aus dem 13. Jahrhundert, das Coppo di Marcovaldo zugeschrieben wird. Nach wenigen Schritten zweigt von der Via Cerretani links die Via Rondinelli ab, die in die **Piazza Antinori** mündet. Sie erhielt ihren Namen nach dem **Palazzo Antinori** aus dem 15. Jahrhundert, der sich zur Rechten befindet. Der Bau wird Giuliano da Maiano zugeschrieben. Fast genau gegenüber dem Palazzo Antinori liegt die **Kirche San Gaetano**. Sie stammt aus romanischer Zeit, wurde aber im Jahre 1648 gänzlich im Florentiner Barock umgestaltet.

Via Tornabuoni

Via Tornabuoni - Die vornehmste Straße von Florenz gilt zudem als eine der schönsten Straßen der Welt. Hier liegen viele alte Bauwerke, Kunst-und Buchhandlungen, elegante Boutiquen usw. Rechts erhebt sich bei Nr. 19 der **Palazzo Lardarel**, ein schöner Bau aus der Spätrenaissance von Giovanni Antonio Dosio (1580); zur Linken, Nr. 20, der **Palazzo Corsi**, der 1875 umgebaut wurde; ursprünglich war es ein Bau Michelozzos, von dem der heute noch existierende elegante Innenhof stammt. Nr. 15 ist der **Palazzo Viviani**, früher Palazzo della Robbia, da er einst Wohnsitz dieser berühmten Künstlerfamilie war (er wurde 1639 von G.B. Foggini umgebaut). Ein Stück weiter erhebt sich links der Palazzo Strozzi.

Palazzo Strozzi: *Fassade;* Abbildung rechts: *Palazzo Spini-Ferroni*

PALAZZO STROZZI

Filippo Strozzi, ein überaus reicher Florentiner Kaufmann, dem übrigens die Einführung der Artischocke in die Toskana zu verdanken ist, gab 1489 den Palast bei Benedetto da Maiano in Auftrag. Später übernahm Cronaca die Bauleitung bis 1504, danach gerieten die Arbeiten ins Stocken und wurden mehrmals wiederaufgenommen. 1538 ging der Palast für kurze Zeit in den Besitz der Medici über. Er ist heute Sitz des Viesseux-Kabinetts und anderer kultureller Einrichtungen und beherbergt regelmäßig Kunstausstellungen, sowie die **Biennale für Antiquitäten**. Das mächtige Gebäude (es gilt als einer der schönsten Wohnpaläste der Renaissance) ruht auf einem umlaufenden Steinsockel; die Außenverkleidung mit stark auskragendem Bossenwerk erinnert an den Palazzo Medici; das herrliche Kranzgesims stammt von Cronaca; in den beiden Obergeschossen liegen schöne zweibogige Fenster. Eindrucksvoll der Innenhof mit Säulengang und Loggia, ebenfalls ein Werk von Cronaca.

Piazza S. Trinita - An dem von vornehmen Bauten gesäumten Platz beginnt die elegante Via Tornabuoni, in der Mitte eine **Säule** aus den Caracalla-Thermen in Rom mit der *Justitia-Statue* von Francesco del Tadda (1581). Der mächtige, zinnenbekrönte **Palazzo Spini-Ferroni** aus dem 13. Jahrhundert (im 19.Jhdt. restauriert) erstreckt sich bis zum Arno-Ufer Acciaioli. Nr. 1 ist der herrliche **Palazzo Bartolini Salimbeni** mit eleganten Kreuzfenstern, ein Hauptwerk Baccio d'Agnolos (1520-15). Die Westseite des Platzes nimmt die Kirche Santa Trinita ein.

Santa Trinita

SANTA TRINITA

Die von Vallombrosanermönchen im 11. Jahrhundert errichtete Kirche wurde im Jahre 1200 durch Nicola Pisano und später ein weiteres Mal erweitert. Die Barockfassade stammt von Bernardo Buontalenti (1594), die *Statue des Hl. Alessio* zur Linken und die *Dreifaltigkeit* über dem Mittelportal sind von Giovanni Caccini. Der **Innenraum** teilt sich in drei gotische Schiffe. An der inneren Fassade sind Spuren der ürsprunglich romanischen Kirche sichtbar. Rechtes Schiff: auf dem Altar der dritten Kapelle *Madonna mit Kind und Heiligen* von Neri di Bicci. Vierte Kapeile: an den Wänden *Geschichten aus dem Marienleben* von Lorenzo da Monaco, am Gewölbe *Propheten* vom gleichen Künstler; über dem Altar ein Tafelgemälde, die *Verkündigung* darstellend. Der Sakristei gegenüber liegt die **Cappella Sassetti**, die Domenico Ghirlandaio vollständig mit Fresken ausmalte (1483-1486). An der Außenwand oben ein Fresko mit dem Standbild des *David* auf einem gemalten Pfeiler und rechts die *Tiburtinische Sibylle, die Kaiser Augustus die Geburt Christi ankündigt.* Am Gewölbe im Innern vier *Sibyllen*, und an den Wänden die *Franziskuslegende*. Von oben links: 1) *Verzicht auf die irdischen Güter;* 2) *Bestätigung der Ordensregel;* 3) *Die Feuerprobe vor dem Sultan;* unten links: 4) *Der Hl. Franz empfängt die Wundmale;* 5) *Tod des Heiligen.* An der Altarwand: 6) *Der Heilige erweckt das Kind aus dem Hause Spini vom Tode* und unten das *Bildnis des Auffraggebers Francesco Sassetti und seiner Gemahlin Nera Corsi.* Über dem Altar ein herrliches Tafelgemälde, *Anbetung der Hirten,* ebenfalls von Ghirlandaio (1495). An den Seitenwänden die *Gräber*

Domenico Ghirlandaio: **Anbetung der Hirten**

der Eheleute Sassetti, Giuliano da Sangallo zugeschrieben (1491). -In der nächsten Kapelle rechts des Presbyteriums das große *Kruzifix,* auch Kreuz des Hl. Giovanni Gualberto genannt. Über dem Altar der Chorkapelle ein Polyptychon, die *Dreifaltigkeit und Heilige* darstellend, von Mariotto di Nardo (1416). -Linker Querarm: In der zweiten Kapelle links der Chorkapelle das wunderschöne *Grab des Bischofs von Fiesole, Benozzo Federighi,* eine Marmorarbeit von Luca della Robbia (1456). -Linkes Schiff: die dritte Kapelle enthält eine Altartafel von Neri di Bicci mit einer *Verkündigung* und Fresken aus der Schule Giottos, welche die *Disputa der Hl. Katharina* zum Thema haben.

Nach Verlassen der Kirche stößt man rechterhand auf die **Brücke Santa Trinita,** die 1252 erbaut und mehrmals erneuert wurde; die heutige Form geht auf Bartolommeo Ammannati zurück (1567-70); an den Brückenköpfen stehen die Figuren der *Vier Jahreszeiten* aus dem Jahre 1608, von denen der *Frühling* von Pietro Francavilla (Ecke Lungarno Acciaioli) am bekanntesten ist.

Die Brücke Santa Trinita; Abbildung unten: *Palazzo Davanzati*

PALAZZO DAVANZATI

Der zu den schönsten und besterhaltenen Palästen des 14. Jahrhunderts zählende Palazzo Davanzati blickt auf den gleichnamigen kleinen Platz an der Via Porta Rossa. Die Familie Davizzi begann mit dem Bau, der 1578 an die reichen und mächtigen Kaufleute Davanzati überging (die auch die Loggia aufsetzten). Heute beherbergt der Palast das kunsthistorisch bedeutende **Museo dell'Antica Casa Fiorentina**. In dem malerischen Säulenhof befindet sich ein charakteristischer Treppenaufgang zu den geschoßumlaufenden Wandelgängen. Im ersten Stock liegen ein Salon mit prachtvollem Waffenschrank und Terrakottabüsten aus der Florentiner Schule des 15.-16. Jahrhunderts; der originell tapezierte **Papageiensaal** mit Kamin aus dem 14. Jahrhundert; ein Wohnzimmer mit Möbeln und Gemälden des 16. Jahrhunderts; der wunderschöne **Pfauensaal** mit Wanddekorationen und einem Tabernakel (15.Jhdt.); auf dem holzgeschnitzten Bett (16.Jhdt.) eine herrliche, weiße Seidendecke, die mit Motiven aus der *Tristansage* bestickt ist (sizilianisch, 14.Jhdt.). Im zweiten Stock: ein weiterer Wohnsalon mit Möbeln des 16. Jahrhunderts, ein Raum mit florentinischen Gemälden des frühen 16. Jahrhunderts; ein Arbeitszimmer mit Gemälden des 14.-15. Jahrhunderts und zwei bemalten Truhen; das prächtige **Schlafgemach** mit Fresken aus dem 14. Jahrhundert, zwei Tabernakeln und einer zeitgenössischen Wäschetruhe. Im dritten

Stock liegt die **Küche** mit verschiedenem Hausrat, einem kleinen Webstuhl und einer kuriosen Lampe. Viele der Säle sind mit holzgeschnitzten und verzierten Decken ausgestattet; in den Kredenzen sind Keramiken des 14.-16. Jahrhunderts ausgestellt; sogar die mittelalterlichen Toilettenräume (sog. "agiamenti") sind erhalten. Im Palast finden regelmäßig Kunstgewerbe- und Antiquitätenmessen statt.

Hinter dem Palazzo Davanzati befindet sich in der Parallelstraße (Borgo SS. Apostoli) die kleine **Piazza del Limbo**, die nach dem wahrscheinlich hier gelegenen Friedhof für ungetaufte Kinder benannt ist. An dem winzigen Platz steht die **Kirche Santi Apostoli**, die im 11. Jahrhundert gegründet und im 16. Jahrhundert neu erbaut wurde. Die schöne Natursteinfassade ist romanisch; eine (apokryphe) lateinische Inschrift schreibt die Gründung der Kirche Karl dem Großen zu. Das dreischiffige Innere hat eine schöne Holzbalkendecke, an der dritten Kapelle rechts eine *Unbefleckte Empfängniss* von Vasari; am Hochaltar ein *Polyptychon* des 14. Jahrhunderts; im linken Seitenschiff ein glasierter *Terrakotta-Tabernakel* von Giovanni della Robbia und das *Grabmal für Oddo Altoviti* von Benedetto da Rovezzano.

Von der Piazza Santa Trinita erreicht man auf der Via del Parione und nach Überquerung der Piazza Goldoni die Via Borgognissanti, wo sich an dem gleichnamigen Platz am Arno die **Kirche Ognissanti** aus dem 13. Jahrhundert befindet. Im Zuge des im 17. Jahrhundert errichteten Neubaus schuf Matteo Nigetti die Barockfassade (1637); der Campanile dagegen ist älter (14.Jhdt.). Im Inneren sind Tafelgemälde und Fresken des 15.-16. Jahrhunderts zu sehen, darunter *Madonna della Misericordia* von Domenico Ghirlandaio, ein Auftrag der Familie Vespucci (auf dem Bild ist auch der zukünftige Seefahrer Amerigo zu erkennen; 1472); neben der Kirche, das **Refektorium** mit dem *Abendmahl* von Ghirlandaio.

Abbildungen oben und unten:
Palazzo Davanzati; Detail des Hochzeitszimmers; Chiesa Ognissanti

Wenn wir zur Piazza Goldoni zurückgehen und links in die Via dei Fossi einbiegen, kommen wir an der Seite der mit Terrakotten von Della Robbia geschmückten **Loggia di San Paolo** (um 1490) zur großen **Piazza Santa Maria Novella** mit der gleichnamigen Kirche auf der gegenüberliegenden Seite des Platzes.

Santa Maria Novella

SANTA MARIA NOVELLA

Mit dem Bau wurde im Jahre 1221 begonnen; die ersten Architekten waren die Mönche Sisto und Ristoro. Im Jahre 1300 wurde die Fassade begonnen, deren untere Zone bis zur Jahrhundertmitte im typisch florentinischen, romanisch-gotischen Stil fertiggestellt wurde. In der zweiten Hälfte des 15. Jahrhunderts vollendete der große Bautheoretiker des Quattrocento, Leon Battista Alberti das Mittelportal und den oberen Fassadenabschnitt mit mehrfarbiger geometrischer Gliederung, Rundfenster, Tympanon und seitlichen Voluten. Das **Kircheninnere** läßt Einflüsse der Zisterziensergotik erkennen, die in Italien weichere Formen annimmt. Die dreischiffige Pfeilerbasilika steht auf lateinischem Kreuz. Im letzten Joch betritt man die **Cappella della Pura** (15.Jhdt.) und den dahinter liegenden, malerischen Friedhof. Vom rechten Querschiff aus gelangt man in die **Cappella Rucellai**; über dem Altar eine *Madonna* von Nino Pisano, im Fußboden die *Grabplatte für Leonardo Dati* von Ghiberti (1425). Die **Kapelle für Filippo Strozzi** (rechts vom Hochaltar) ist vollständig mit Fresken von Filippino Lippi ausgemalt (*Lebensgeschichte der Heiligen Johannes und Philipp*, um 1500); die **Hauptchorkapelle** enthält Fresken von Domenico Ghirlandaio (um 1495; unter den Gehilfen wahrscheinlich der junge Michelangelo) mit einem wunderschönen *Marienzyklus*. In der **Gondi-Kapelle** (links von der Mittelkapelle) ein berühmtes *Kruzifix* von Brunelleschi, die einzige erhaltene Holzplastik des Meisters. In der **Strozzi-Kapelle** (linkes Querschiff)

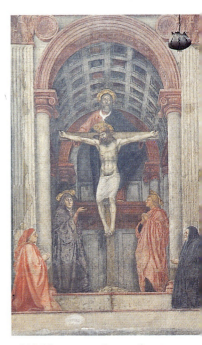

Santa Maria Novella: *Kircheninneres;* Abbildungen rechts und unten: *Masaccio:* ***Die Heilige Dreifaltigkeit; Die Krönung der Jungfrau,*** nach einer Vorlage von *Andrea di Bonaiuto*

Fresken von Nardo di Cione (um 1357). In der **Sakristei** ein *Kruzifix* des jungen Giotto. Im dritten Joch des linken Schiffes die überwältigende *Dreifaltigkeit* von Masaccio (um 1427) und die nach Zeichnungen Brunelleschis ausgeführte *Kanzel*. Bei Verlassen der Kirche liegt rechts der Klostergartenkomplex: in den Lünetten des **Chiostro Verde** (14.Jhdt.) Fresken von Renaissancemalern, u.a. Paolo Uccello, der die *Genesis* schuf (herrlich die *Sintflut*, um 1430). Im Kreuzgang betritt man die vollständig mit Fresken ausgemalte sog. **Spanische Kapelle** (14.Jhdt), die später dem Gefolge der Eleonora di Toledo, Gemahlin Cosimos I., als Gebetsstätte diente. Im angrenzenden **Chiostrino dei Morti** eine Glasmalerei mit *Krönung der Jungfrau* aus dem 14.Jhdt.

*Ghirlandaio: **Geschichten aus dem Leben der Jungfrau*** (Ausschnitte aus einem Fresko); Abbildung unten: ***La Chiesa Militante*** (Detail eines Freskos von *Andrea di Bonaiuto*)

FÜNFTER RUNDGANG

....

PIAZZA DEL DUOMO - PIAZZA SAN MARCO
MUSEO DI SAN MARCO
GALLERIA DELL'ACCADEMIA (AKADEMIEMUSEUM)
SANTISSIMA ANNUNZIATA - SPEDALE DEGLI INNOCENTI
ARCHÄOLOGISCHES MUSEUM

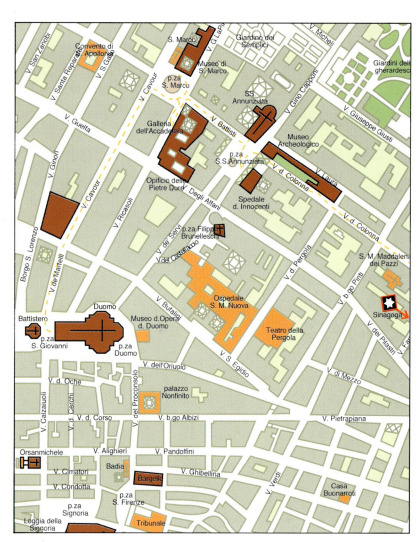

Strenglinige Paläste des 17. und 18. Jahrhunderts säumen die **Via Cavour** und verleihen dieser wichtigen und stets belebten Geschäftsstraße einen vornehmen Charakter. Sie verbindet den Domplatz mit der Piazza della Libertà und streift etwa auf halber Höhe die **Piazza San Marco**. An dem sonst modernen Platz befindet sich die mittlalterliche Loggia dell'Accademia, die zu dem ehemaligen Hospital San Matteo gehörte und heute den Eingang zur **Akademie der Schönen Künste** bildet. An der Ecke Via degli Arazzieri steht die **Palazzina della Livia** (1775), die der Großherzog Peter Leopold für eine Zirkustänzerin namens Livia Malfatti erbauen ließ. In der Mitte des Platzes eine Grünanlage mit dem *Denkmal für General Manfredo Fanti* von Pio Fedi (1873). Eine Platzseite nimmt der **Kirchen- und Klosterkomplex San Marco** ein. Cosimo il Vecchio überschrieb das seit 1299 an dieser Stelle existierende Konvent des Silvesterordens einschließlich Kirche auf Wunsch des Papstes Eugen IV. und als Sühne für seine Schuld im 15. Jahrhundert den Dominikanermönchen. Cosimo beauftragte Michelozzo mit der Neugestaltung, in die er nicht weniger als 40 000 Florine investierte. Die späteren Umbauten betrafen hauptsächlich die Kirche mit der anonym wirkenden Fassade aus dem 18. Jahrhundert. Das Innere wurde 1588 durch Giambologna und 1678 durch Silvani renoviert; an der inneren Fassadenwand ein schönes Kruzifix aus der Schule Giottos; am dritten Altar rechts ein Mosaik, *Madonna orans* (13.Jhdt.), das aus Sankt Peter in Rom stammt. Sehenswert auch die Antonins- und Sakramentskapelle.

Wappen der Zunft der Seidenweber;
unten: *Fassade von San Marco*

Beato Angelico: ***Flucht nach Ägypten***
(Detail)

Beato Angelico: Verkündigung

MUSEUM SAN MARCO

Neben der Kirche befindet sich der Eingang zum Kloster San Marco, einem im Florenz des 15. Jahrhunderts vitalen Zentrum. Bedeutende Namen sind an das Kloster geknüpft: Cosimo il Vecchio und Lorenzo il Magnifico, der Hl. Antonin, Prior des Klosters, Savonarola, der hier gastliche Aufnahme fand, Beato Angelico und Fra'Bartolomeo, zwei Ordensbrüder mit hervorragenden künstlerischen Fähigkeiten. Angelico überträgt in seinen Bildern gotische Elemente in die kraftvolle Formensprache Masaccios und schafft Gemälde voll mystischen Geistes und tiefer Frömmigkeit. Der von Michelozzo entworfene **Kreuzgang des Hl. Antonin** hat freskierte Lünetten; von hier Zugang zur **Pilgerherberge** mit Tafelgemälden von Angelico: *Tabernakel der Leineweber, Pala del Bosco ai Frati, Pala di Annalena, Kreuzabnahme, Jüngstes Gericht.* Der **Kapitelsaal** enthält eine überwältigende *Kreuzigung* von Beato Angelico, der auch das Dormitorium im Obergeschoß von 1439-1445 mit Fresken ausmalte; die schlichten Zellen schmücken Meisterwerke wie *Noli me tangere, Verklärung Christi* und *Krönung der Jungfrau*. In der **Priorswohnung** ein *Porträt Savonarolas*, ein Werk von Angelicos Schüler Fra'Bartolomeo. Im **Refektorium** das *Letzte Abendmahl* von Ghirlandaio.

Emilio de'Fabris: ***La Tribuna;*** Abbildung unten: ***Zeichnung des Fußbodens***

GALLERIA DELL'ACCADEMIA (Akademiemuseum)

Die Galerie gehört zu den berühmtesten und meistbesuchten Museen Italiens, deren Hauptattraktion der *David* und andere bedeutende Skulpturen Michelangelos sind. Die Galerie (Via Ricasoli 60, in der Nähe der Piazza San Marco) wurde 1784 durch den Großherzog Peter Leopold von Lothringen gegründet; gleichzeitig wurde die Akademie der Schönen Künste ins Leben gerufen, die sämtliche Kunst-, Zeichen- und Bildhauerschulen der Stadt zusammenfaßte. Die Galerie übernahm damit von Anfang an einen Lehrauftrag im Sinne der Vermittlung und des Studiums klassischer Meister. Viele Werke stammten aus der bereits vorhandenen Sammlung der Accademia delle Arti del Disegno, einer von Cosimo I. 1562 gegründeten Institution, der, nach dem Vorbild der "Malervereinigung San Luca" des

Salone del Colosso mit dem *Raub der Sabinerinnen* (*Giambologna*); unten: Michelangelos *David* (Teilansicht); gegenüberliegende Seite: *David;* rechts von oben: *Pietà di Palestrina;* zwei der insgesamt vier *Gefangenen* von Michelangelo

14. Jahrhunderts die größten Künstler jener Zeit angehörten. Die schon damals beachtliche Sammlung wuchs infolge von Kirchen- und Klosterauflösungen (1786 und 1808) und durch zusätzliche Ankäufe weiter an. 1873 stellte man zunächst den *David* und 1911 die *Gefangenen* und den *Hl. Matthäus* hier auf. 1939 gelang der Rückerwerb der *Pietà*, die man in die Galerie einreihte. Das Museum besitzt außerdem die Gipsmodelle für den *Raub der Sabinerinnen* von Giambologna. Die Gemäldesammlung vermittelt einen Überblick über die Malerei vom 13. bis zum beginnenden 16. Jahrhundert. Sehenswerte Werke: ein *Kruzifix*, sienesische Schule, zweite Hälfte 13. Jahrhundert (Duccio di Buoninsegna zugeschrieben); *Kreuzesbaum* von Pacino di Buonaguida (Anfang 14.Jhdt.); *Polyptychon* von Andrea Orcagna (Mitte 14.Jhdt.) und Arbeiten seiner Brüder, u.a. ein *Triptychon* von Nardo di Cione (1365) und *Krönung der Jungfrau* von Jacopo di Cione; 24 Paneele von Taddeo Gaddi (14 mit *Szenen aus dem Leben Christi* und 10 aus der *Franziskuslegende*); *Pietà* von Giovanni da Milano (1365); die *Adimari-Truhe; Heimsuchung*, Domenico Ghirlandaio zugeschrieben; *Madonna del Mare* und die *Jugendliche Madonna mit Kind, dem Johannesknaben und zwei Engeln* von Botticelli.

Von der Galleria dell'Accademia kehren wir zur Piazza San Marco zurück, wo rechts die Via Cesare Battisti zur **Piazza Santissima Annunziata** führt. Die harmonische Platzanlage wird auf drei Seiten von Portiken eingefaßt: rechts das **Spedale degli Innocenti** von Brunelleschi, an der Stirnseite die **Kirche Santissima Annunziata** (zwischen den beiden Gebäuden liegt das **Archäologische Museum** mit Eingang in der Via della Colonna), links der **Palazzo dei Servi di Maria,** den Antonio da Sangallo und Baccio d'Agnolo 1525 dem gegenüberliegenden Waisenhaus nachbauten. An der Ecke Via dei Servi (links) der **Palazzo Grifoni** von Ammanati (1563). In der Mitte das *Reiterstandbild für den Großherzog Ferdinando I.*, von Giambologna begonnen und von Tacca (1608) vollendet, der auch der Schöpfer der beiden Brunnen ist.

Santissima Annunziata

SANTISSIMA ANNUNZIATA

Sieben junge Florentiner (die später seliggesprochen wurden) begannen mit dem Bau dieses Marienheiligtums, nachdem sie zuvor den Orden der Diener Mariens (Serviten) gegründet hatten. Im 15. Jahrhundert erfolgte der Neubau durch Michelozzo und später durch Antonio Manetti, der in Zusammenarbeit mit Leon Battista Alberti die Rotunde des einschiffigen Kirchenraumes fertigstellte. Zwischen Portikus und Kirche befindet sich der sog. **Chiostrino dei Voti**, eine mit wertvollen Fresken des frühen 16. Jahrhunderts geschmückte Vorhalle, an der Andrea del Sarto, Pontormo, Rosselli, Franciabigio und andere Manieristen beteiligt waren. Der barockisierte Innenraum enthält gleich links vom Eingang in einer tempelartigen Kapelle eine vielbewunderte *Verkündigung* aus der Florentiner Schule des 14. Jahrhunderts, die der Legende nach von einem Engel gemalt worden war. Aus der Fülle der Kunstwerke seien erwähnt: zwei *Lesepulte* in Adlerform (englisch, 15. Jhdt.) in der eleganten Tribuna; *Jesus und der Hl. Julianus* von Andrea del Castagno (um 1455, erster Altar links) und *Dreifaltigkeit* vom gleichen Künstler (zweiter Altar links). An die Kirche schließt sich der **Chiostro dei Morti** an, den florentinische Manieristen mit *Szenen aus dem Ordensleben der Diener Mariens* ausmalten.

Piazza Santissima Annunziata mit der gleichnamigen Kirche und dem Spedale degli Innocenti (Waisenhaus); Abbildung unten: *Relieffeld* von *Della Robbia*

SPEDALE DEGLI INNOCENTI

Im Jahre 1419 beschloß die Seidenweberzunft den Erwerb eines Grundstücks, auf dem ein Waisenhaus für Findelkinder (sog. "Gettatelli" oder "Innocenti") errichtet werden sollte. Mit dem Entwurf betraute man Brunelleschi, der mit den Proportionen des Portikus die gesamte Platzarchitektur festlegte. In der harmonischen Anlage kommen die neuen architektonischen Kriterien der Renaissance im Gegensatz zum spontanen Städtebau des Mittelalters zum Tragen. 1457 war das Gebäude fertiggestellt; die Front besteht aus neun weiten Arkaden, deren Säulen auf einer Freitreppe stehen; darüber verläuft ein niedriges Geschoß mit Giebelfenstern; in den Bogenzwickeln erscheinen die berühmten *Wickelkinder*, Terrakotta-Tondi von Andrea della Robbia (um 1487); der Säulengang wird von zwei Lisenen begrenzt. Im Innern befinden sich zwei Kreuzgärten von schlichter Eleganz und eine Sammlung mit Werken vorwiegend aus dem 15. Jahrhundert, von denen die bedeutensten die folgenden sind: *Verkündigung* von Giovanni del Biondo; *Madonna mit Kind und Heiligen* von Pietro di Cosimo; *Anbetung der Könige* von Domenico Ghirlandaio (1488); *Madonna mit Kind und Engeln,* Schule des Perugino; *Madonna degli Innocenti*, Pontormo zugeschrieben, und der *Hl. Sebastian* von Andrea del Sarto.

Chimäre (4.Jhdt. v.Chr.); Abbildung unten: ***Die François-Vase***

ARCHÄOLOGISCHES MUSEUM

Schon Cosimo il Vecchio war ein eifriger Sammler von Münzen, Goldschmiedekunst und antiken Skulpturen, eine Leidenschaft, die er mit anderen Mitgliedern der Familie Medici teilte. Die Lothringer legten den Grundstein der ägyptischen Antikensammlung und förderten zahlreiche Grabungsprojekte. Leopold II. subventionierte die Forschungsarbeit von Champollion und Rosellini in Ägypten und Nubien. 1880 brachte man die Sammlung im 1820 erbauten Palazzo della Crocetta in der Via della Colonna unter. Das Museum besitzt drei Abteilungen: das Museo Topografico d'Etruria, das Antiquario Etrusco-Greco-Romano und die Ägyptische Sammlung. Im Erdgeschoß befinden sich u.a. die weltberühmte *François-Vase* und *Mater Matuta*. Zu den faszinierendsten Funden der ägyptischen Abteilung (I. Stock) gehören zwei Statuetten, Mägde bei der Hausarbeit darstellend; die *Statue des Tuthmosis III.* (1490-1436 v. Chr.); das Frauenbildnis "*Fayyùm*" (2.Jhdt. n.Chr.); bemalte Grabplatten, Stelen, Sarkophage, Mumien und ein

 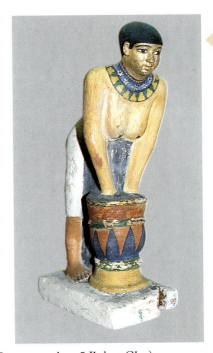

Mater Matuta (etruskische Statue aus dem 5.Jhdt. v.Chr.);
Abbildung rechts und unten: *Kleine Statue aus Kalk* (ägyptisch, 2400 v.Chr.)
und *Ägyptische Stele*

Kriegswagen. Ebenfalls im I. Stock das Antiquarium: attische *Kouroi* des 6. Jahrhunderts v. Chr.; etruskische Graburnen; die Rednerstatue, der sog. *Arringatore* (um 100 v.Chr.); etruskische Sarkophage; die *Chimäre aus Arezzo*; der sog. *Idolino*, etruskisch; attische Vasen und etruskische Buccheri. Im Obergeschoß vorrömische, italische und hochgriechische Kunst.

Wenn man vor dem Museum steht, stößt man rechterhand an der Ecke Via della Pergola auf das **Haus des Benvenuto Cellini,** wo der bedeutende Goldschmied und Bildhauer den berühmten *Perseus* schuf.

- Die Via della Colonna endet an der **Piazza d'Azeglio,** einem großen Platz mit Grünanlagen. Rechts zweigt die Via Farina ab; hier steht bei Nr. 6 auf der linken Seite die **Synagoge,** die dank eines Nachlasses von David Levi an die Jüdische Universität 1872-74 errichtet wurde. Der nach Entwürfen der Architekten Mariano Falcini, Marco Treves und Vincenzo Micheli in orientalischem Stil erbaute Tempel hat eine kupfergedeckte Kuppel und fein gezeichnete Fenster.

SECHSTER RUNDGANG VI

....

PIAZZA DEL DUOMO - BARGELLO - BADIA FIORENTINA
CASA BUONARROTI
SANTA CROCE - MUSEUM SANTA CROCE

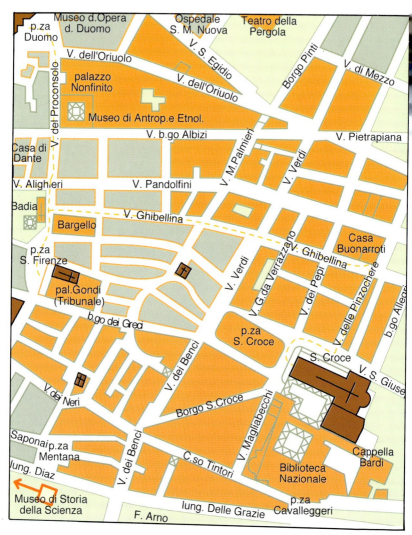

An der **Via del Proconsolo**, die vom Dom zur Piazza San Firenze führt, stehen (neben dem Bargello und der Badia) sehenswerte Paläste: Nr. 10 ist der **Palazzo Pazzi**, von Giuliano da Maiano zwischen 1462 und 1472 für diejenige Familie errichtet, die wenig später die berühmte Verschwörung gegen die Medici anzettelte (s. Erster Rundgang). Das rustikale Erdgeschoß hebt sich kontrastartig von den glatten Obergeschossen ab; wunderschön der Innenhof. Nr. 12 ist der **Palazzo Nonfinito** (so genannt, da er unvollendet blieb), den Buontalenti 1592 für die Familie Strozzi begann. Im Palast ist das von Paolo Mantegazza 1869 gegründete **Anthropologische und Ethnologische Museum** untergebracht (geöffnet am ersten und dritten Sonntag im Monat). Das einzige Museum dieser Art in Italien besitzt seltene Stücke: u.a. Holzplastik eines Eingeborenen von Patagonien, vom Großherzog der Toskana Ende 18. Jahrhundert in Auftrag gegeben; afrikanisches Kunstgewerbe; Holzplastiken des mysteriösen Volkes der Kahlren (Karakorum); Zierat aus Amazonien, ein Eskimo-Kajak, Mumien von Inkas und tibetanisches Kultgerät. Eine Querstraße (Via Dante Alighieri neben der Badia) führt von hier aus zur mittelalterlichen **Casa di Dante** (im 19.Jhdt. restauriert), dem einstigen Besitz der Alighieri. Das Dante-Museum gibt Auskunft über das damalige Florenz und besitzt u.a. Porträts des Dichters und seltene Ausgaben der *Göttlichen Komödie*. Ein Stück weiter läuft die Via del Proconsolo an der **Piazza San Firenze** aus. Der schmale Platz wird von zwei mächtigen Palästen aus verschiedenen Epochen flankiert: der im Renaissancestil erbaute **Palazzo Gondi** rechts ist ein Werk von Giuliano da Sangallo (1490-1501); der gegenüberliegende, imposante sog. **San Firenze** gilt als der schönste Barockpalast in Florenz (Ende 17.Jhdt. bis 18.Jhdt.) und ist heute Sitz des Landgerichts.

Abbildungen von oben nach unten:
*Wappen der Zunft der Bäcker;
Dante-Haus (Casa di Dante);
Bargello*

Das "Bargello-Gefängnis" nach einem Druck des 19. Jhdts.; rechts: *David* (*Verrocchio*); unten: *Bronzedavid* (*Donatello*)

BARGELLO

Das bedeutendste italienische Museum für Skulptur und Kleinkunst ist in dem strenglinigen, historisch wichtigen Palazzo del Bargello untergebracht. Der wuchtige Kubus entstand im Jahre 1255 und war anfänglich Sitz des Capitano del Popolo. 1574 zog der Bargello (Büttel, Polizeioberhaupt) hier ein und der Palast genoß den finsteren Ruf als städtischer Hinrichtungsort. Das Museum wurde 1865 gegründet. Man betritt zunächst einen herrlichen, mittelalterlichen **Innenhof**, unter dessen Arkaden sich zahlreiche Kunstwerke befinden; neben einer riesigen Kanone des frühen 18. Jahrhunderts sind verschiedene Skulpturen zu sehen, u.a. der *Fischersjunge* von Vincenzo Gemito (1877). Das Erdgeschoß ist vorwiegend den Meisterwerken Michelangelos gewidmet: *Büste des Brutus* (1539), das Bildnis des heroischen Tyrannenmörders; der sog. *Tondo Pitti* (um 1504), ein ausdrucksstarkes "Non-finito" des Künstlers; *David* oder *Apollino* (um 1531), eine Plastik von vollendeter Harmonie; ein junger *Trunkener Bacchus* (1496-97); *Bacchus* von Sansovino (1520), der berühmte *Merkur* von Giambologna und eine *Bronzebüste Cosimos I.* von Benvenuto Cellini (1545-47). Im "**Verone**" (im I. Stock) stehen weitere Bronzestatuen von Giambologna. Im **Donatello-Saal** sind neben Meisterwerken des großen Bildhauers des 15. Jahrhunderts zahlreiche Terrakotten von Luca della Robbia und die beiden Wettbewerbsreliefs mit der *Opferung Isaaks* von Brunelleschi und Ghiberti zu sehen; in den weiteren Sälen herrliche Majoliken aus Faenza, Email-und Goldschmiedearbeiten und Paramente und Elfenbeinkunst aus verschiedenen Epochen. Im zweiten Stock: mit Terrakotten von Giovanni und Andrea della Robbia; der Verrocchio-Saal, u.a. mit Werken von Laurana, Mino da Fiesole, Benedetto da Maiano, Rossellino und Pollaiolo; zwei weitere Räume enthalten eine Sammlung von Kleinbronzen und Waffen.

*B. Cellini: **Büste von Cosimo I. de'Medici**; Abbildung unten: **Blick in den Innenhof des Bargello***

BADIA FIORENTINA

Gegenüber dem Bargello (Via del Proconsolo) liegt der Eingang zur Badia. Die im 10. Jahrhundert gegründete Kirche wurde Ende des 13. Jahrhunderts möglicherweise durch Arnolfo di Cambio und ein weiteres Mal im Jahre 1627 von Matteo Segaloni neugestaltet. Der sechseckige **Glockenturm** stammt aus dem 14. Jahrhundert. Ein schönes Portal (14.-15. Jahrhundert) führt zunächst in den Säulenhof und von dort ins Kircheninnere. Links vom Eingang ein hervorragendes Gemälde von Filippo Lippi, *Die Jungfrau erscheint dem Hl. Bernhard* (um 1485); im rechten Querschiff das *Monument für Bernardo Giugni* von Mino da Fiesole (um 1470); im gegenüberliegenden Querschiff, vom gleichen Künstler, das *Denkmal für den Grafen Ugo* (1469-81), dessen Mutter die Badia begründete. Rechts vom Presbyterium liegt die Sakristei, von dort Zugang zu dem von Bernardo Rossellino 1432-38 gebauten **Chiostro degli Aranci**; in dem kleinen eleganten Kreuzgang mit doppelstöckigen Arkaden erscheinen in der oberen Loggia freskierte Lünetten mit *Szenen aus dem Leben des Hl. Benedikt* des Portogiesen Giovanni di Consalvo (15.Jhdt.).

Gegenüber der Badia zweigt die **Via Ghibellina** ab, wo sich linkerhand bei Haus nr. 70 das Michelangelo-Haus (Casa Buonarroti) befindet.

CASA BUONARROTI

Dieses schöne Gebäude heißt Buonarroti-Haus, ist jedoch nicht das Geburtshaus Michelangelos. Der Künstler kam als Sohn eines Florentiner Adligen am 6. März 1475 in Caprese im Casentino zur Welt, wo sein Vater Bürgermeister war. Michelangelo kaufte später dieses Haus für seinen Neffen Leonardo. Später ließ Michelangelo Buonarroti der Jüngere, ein Nachkomme des Künstlers und hervorragender Literat, einige Räume des Hauses in der Via Ghibellina ausstatten und beauftragte u.a. Giovanni di San Giovanni, Empoli, Matteo Rosselli, Francesco Furini und Artemisia Gentileschi mit den Verherrlichungsbildern Michelangelos. Die Säle beherbergen Werke des Meisters, u.a. frühe Arbeiten wie Skulpturen, Zeichnungen, Modelle (etwa den Fassadenentwurf für San Lorenzo) und Skizzen (u.a. ein *Modell der Allegorie des Flusses*, die für den monumentalen Komplex der Neuen Sakristei bestimmt war). Neben Porträts von Familienmitgliedern sind sehenswert: Predella mit *Szenen aus dem Leben des Hl. Nicola von Bari* von Giovanni di Francesco (15.Jhdt.), ein *Narziß*, Paolo Uccello zugeschrieben, und *Liebesszene*, ein Jugendwerk Tizians.

*Passignano: **Michelangelo präsentiert Papst Pio IV das Modell von Sankt Peter**;*
Abbildungen rechts und unten: *L'Inclinazione (Gentileschi),* ***Die Madonna
della Scala*** *(Michelangelo)*; Abbildung vorherige Seite: ***Wappen der Familie
Buonarroti***

Fast genau gegenüber dem Michelangelo-Haus führt die Via delle Pinzochere direkt zur **Piazza Santa Croce.** Das historische Fußballspiel Calcio in Costume und der Florentiner Karneval spielten sich auf dem Platz ab. 1855 errichtete Enrico Pazzi das *Dante-Denkmal* in der Mitte des Platzes (das später auf der Kirchentreppe aufgestellt wurde). An der Südseite des Platzes steht der **Palazzo dell'Antella** mit auf Konsolen ruhender Fassade, die unter Giovanni da San Giovanni von zwölf Künstlern in zwanzig Tagen bemalt wurde (17.Jhdt.); über der Tür eine *Büste Cosimos II.*; im Erdgeschoß eine Marmorscheibe, die als Markierung der Platzmitte für das historische Fußballspiel diente. Gegenüber der Kirche die klassizistische Fassade des **Palazzo Cocchi-Serristori**, Baccio d'Agnolo zugeschrieben (16.Jhdt.).

Santa Croce

SANTA CROCE

Der Ursprung der Kirche geht auf ein kleines Oratorium zurück, das an dieser Stelle im Jahre 1228 von einer Mönchsgemeinschaft errichtet worden war. Im Jahre 1294 begann Arnolfo di Cambio mit dem Bau der Basilika in den für die Bettelordenkirchen typischen, monumentalen Bauformen mit schlichter Ausstattung. Die Kirche wurde 1443 in Gegenwart des Papstes Eugen IV. geweiht. 1566 beauftragte Cosimo I. Vasari mit der Ausführung einiger Altäre in den Seitenschiffen; dabei wurden der alte Chor und zahlreiche Fresken zerstört. Die **Fassade** wurde erst Mitte vorigen Jahrhunderts nach Entwürfen von Niccolò Matas in neugotischem Stil (wie der Campanile) durch Gaetano Baccani verwirklicht (1847). Unzählige Kunstwerke, vor allem aber die Grabdenkmäler berühmter Persönlichkeiten verleihen der Kirche außerordentliche Bedeutung. Das dreischiffige **Innere** wird durch Spitzbögen unterteilt, die auf achteckigen Steinpilastern ruhen. Im Fußboden sind nicht weniger als 276 Grabplatten eingelassen (die ältesten stammen aus dem 14.Jhdt.). Im Mittelschiff, am dritten Pfeiler rechts, befindet sich die wunderschöne *Kanzel* von Benedetto da Maiano (1472-76) mit Relieffeldern aus der *Franziskuslegende.* Im rechten Seitenschiff, am ersten Pfeiler, *Madonna del Latte* von Rossellino (1478); gegenüber das *Grabmonument für Michelangelo*, ein Werk von Vasari und Gehilfen (1570): die Skulpturen allegorisieren die *Ma-*

Kircheninneres; Abbildung unten: ***Holzkruzifix*** von *Donatello*

lerei, Bildhauerei und *Architektur.* Daneben der *Kenotaph für Dante Alighieri* (in Ravenna begraben) von Stefano Ricci (1829); des weiteren das *Grab des Vittorio Alfieri,* 1810 von Canova ausgeführt; *Grab des Niccolò Machiavelli* von Spinazzo (1787); die herrliche *Verkündigung* von Donatello (um 1435); das *Grabmonument für Leonardo Bruni* von Rossellino (um 1444); die *Gräber für Gioacchino Rossini* und *Ugo Foscolo.* Im linken Querschiff liegt (rechts) die **Cappella Castellani**, die Agnolo Gaddi um 1385 mit *Szenen aus dem Leben des Hl. Nikolaus von Bari, Johannes d. Täufers, des Evangelisten Johannes und des Hl. Antonius* ausmalte. An der Stirnseite des Querschiffes betritt man die **Baroncelli-Kapelle** mit *Marienfresken* von Taddeo Gaddi (1332-38); auf dem Altar ein Polyptychon mit der *Krönung der Jungfrau* aus der Werkstatt Giottos. Am Querschiff betritt man die **Sakristei** (14. Jahrhundert): an der rechten Wand drei *Episoden aus der Leidensgeschichte* von Taddeo Gaddi und anderen; an der Rückwand öffnet sich die **Rinuccini-Kapelle** mit Fresken von Giovanni da Milano. An der Querhauswand: die **Peruzzi-Kapelle** (vierte von rechts) mit herrlichen Fresken von Giotto, *Geschichten aus dem Leben des Täufers und des Evangelisten Johannes;*

Abbildungen links und rechts: *Grabmonument für Michelangelo Buonarroti (Vasari); Kenotaph für Dante (Stefano Ricci);* Abbildung unten: **Die Sakristei mit Fresken** von *Taddeo Gaddi, Spinelli Aretino und Niccolò Gerini*

in der **Bardi-Kapelle** (der fünften) ein meisterhafter Zyklus mit dem Thema der *Franziskuslegende*, ebenfalls von Giotto (um 1325); in der **Chorkapelle** Fresken von Agnolo Gaddi und ein *Polyptychon* von Niccolò Gerini (Ende 14.Jhdt.). Unter den linksseitigen Kapellen die **Cappella Bardi di Vernio** mit *Szenen aus dem Leben des Hl. Sylvester* von Maso di Banco (um 1340). In der **Bardi-Kapelle** (Querhaus) ein *Kruzifix*

Giotto: **Das Begräbnis von San Francesco;** Abbildung unten, von links:
San Francesco und **Geschichten aus dem Leben des Heiligen,** Werke eines
unbekannten florentiner Meisters

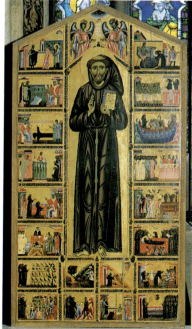

von Donatello (um 1425). In der **Cappella Salviati** das *Grab für Sofia Zamoyski* von Lorenzo Bartolini. Im linken Schiff weitere Grabmonumente: Von Desiderio da Settignano das *Grabmahl für Carlo Marsuppini* (um 1453) und das *Grab für Galileo Galilei* aus dem 18.Jhdt.

Die Pazzi-Kapelle

MUSEUM SANTA CROCE

Das Museum (Eingang am ersten Kreuzgang) nimmt einige Konventsräume ein. Der erste und bedeutsamste Saal ist das ehemalige **Refektorium** aus dem 14. Jahrhundert: die Rückwand wird vollständig von einem riesigen Fresko von Taddeo Gaddi eingenommen, der hier einen *Lebensbaum,* das *Letzte Abendmahl* und andere Szenen darstellte; an der rechten Wand ein meisterlich gemaltes *Holzkruzifix* von Cimabue, das bei der Überschwemmung im Jahre 1966 stark beschädigt wurde, sowie drei Fragmente eines Freskos, *Triumph des Todes,* von Orcagna, die man unter den Altären Vasaris entdeckt und abgelöst hat; links der *Hl. Ludwig,* eine Bronzearbeit von Donatello (1423). In den anderen Räumen Terrakotten von Della Robbia, Werke von Andrea del Castagno, Bronzino, Vasari und anderen. An der Rückseite des Kreuzganges hebt sich die Front der **Pazzi-Kapelle** ab; Brunelleschi begann um 1430 mit dem Bau, den er mit Unterbrechungen bis 1444 fortführte und der später von anderen Ar-

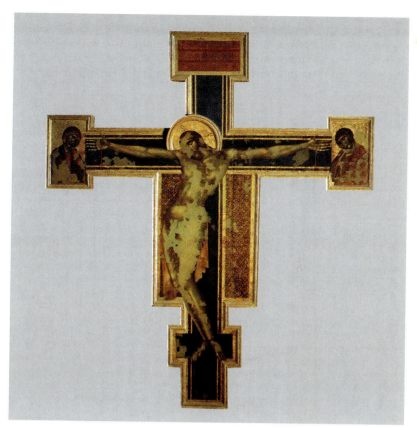

Holzkruzifix von *Cimabue*

chitekten weitergeführt wurde. Vor dem Eingang liegt ein Pronaos aus dem Jahre 1461 mit sechs korinthischen Säulen und weitgespannter Mittelarkade zwischen schmückenden Feldern aus Pietra Serena; der Fries mit *Cherubinköpfen* stammt von Desiderio da Settignano. Das Portikusgewölbe ist mit farbigen Terrakotten von Luca della Robbia ausgeschmückt; vom gleichen Künstler der Tondo mit dem *Hl. Andreas* über der Tür, deren Flügel herrliche Schnitzereien von Giuliano da Maiano (1472) tragen. In dem rhythmisch maßvoll gestalteten, rechteckigen Raum kommt Brunelleschis geniales Schaffen zum Ausdruck: weißgetünchte Wände, kannelierte Lisenen aus Pietra Serena, weite Arkadenstellungen und schmückende Tondi mit *Aposteln* und *Evangelisten* von Luca della Robbia.

Nach dem Besuch von Santa Croce gehen wir durch die Via Magliabechi, die an der linken Gebäudeseite der **Nationalbibliothek** verläuft. Die Biblioteca Nazionale Centrale (Eingang an der Piazza Cavalleggeri 1) ist die größte in Italien und genießt Weltruf. Wir biegen nun rechts in den Corso dei Tintori ein, wo sich links an der Ecke zur Via dei Benci, der **Palazzo Alberti e dei Corsi** befindet.

SIEBENTER RUNDGANG

VIALE DEI COLLI - PIAZZALE MICHELANGELO
SAN MINIATO AL MONTE - FORTE DI BELVEDERE
FIESOLE

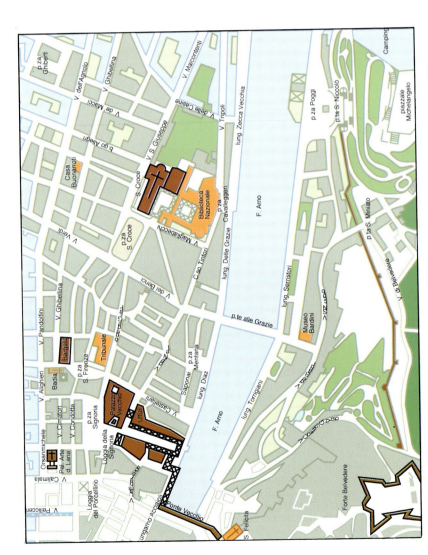

PIAZZALE MICHELANGELO

Wir bleiben auf dieser Arnoseite, wo sich der sechs Kilometer lange Viale dei Colli an den Hängen des Südhügels der Stadt entlangwindet (man kann auch von der Porta San Niccolò über eine Folge von Treppen den Platz erreichen) und schließlich zu einer riesigen Aussichtsterrasse gelangt, die einen herrlichen Rundblick über die ganze Stadt und umliegenden Hügel gewährt". Die Platzanlage und beliebte Florentiner Promenade wurde von Giuseppe Poggi im vorigen Jahrhundert entworfen und bildet den urbanistischen Höhepunkt der Neugestaltung von Florenz, das damals Hauptstadt Italiens war. In der Platzmitte steht das 1875 errichtete *Michelangelo-Denkmal* mit Bronzekopien einiger berühmter Marmorwerke des Künstlers. Auf dem Hügel oberhalb des Platzes liegt das **Kirchlein San Salvatore al Monte**, mit dessen Bau Cronaca 1495 begann.

Michelangelo-Denkmal; unten: *Forte di Belvedere*

San Miniato al Monte

SAN MINIATO AL MONTE

Eine breite marmorne Freitreppe oberhalb des Piazzale Michelangiolo führt zu einer der schönsten und ältesten Kirchen von Florenz. Auf einem ehemaligen Oratorium, das dem Märtyrer und Heiligen Minias (9.Jhdt.) geweiht war, entstand zwischen dem 11. und dem 13. Jahrhundert diese romanische Kirche. Die **Fassade** ziert eine festlich wirkende, zweifarbige Marmorverkleidung; in der Mitte ein Mosaik (13.Jhdt., stark restauriert) mit *Christus zwischen der*

San Miniato al Monte: *Kircheninneres*

Jungfrau und dem Hl. Minias; der *Adler* auf der Giebelspitze ist das Symbol der Calimala-Zunft, der die Erhaltung der Kirche oblag. Der **Innenraum** ist dreischiffig; das Langhaus mit intarsiertem Marmorfußboden schließt mit einer herrlichen Krypta und erhöhtem Presbyterium ab. In der Mitte zwischen den zum Altarraum aufsteigenden Treppen befindet sich die **Cappella del Crocifisso,** die Piero il Gottoso (Vater des Lorenzo il Magnifico) 1448 bei Michelozzo in Auftrag gab; das Kassettengewölbe schuf Luca della Robbia; an der Stirnwand Tafelbilder von Agnolo Gaddi. Im linken Schiff liegt die **Kapelle des Kardinals von Portugal,** ein Meisterwerk der florentinischen Renaissancearchitektur von Antonio Manetti (1461-66; Schüler Brunelleschis); hier befinden sich das *Grab des Jacopo di Lusitania* (Erzbischof von Lissabon) von Rossellino, Gewölbe-Terrakotten von Della Robbia, eine herrliche *Verkündigung* von Baldovinetti (links) und zwei *Engel,* Fresken von Antonio und Piero del Pollaiolo. Am Kryptagewölbe, über dem Altar, Fresken mit *Heiligen und Propheten* von Taddeo Gaddi. Das Presbyterium wird von Marmorschranken aus dem 13. Jahrhundert begrenzt, auf denen die elegante *Kanzel* ruht; am rechten Altar ein Tafelgemälde von Jacopo del Casentino mit *Acht Episoden aus dem Leben des Hl. Minias;* das Apsismosaik stellt den *Thronenden Christus zwischen der Jungfrau, dem Hl. Minias und den Symbolen der Evangelisten* dar (1297; jedoch 1491 von Baldovinetti restauriert). Rechts vom Presbyterium liegt die **Sakristei,** die Spinello Aretino nach 1387 mit *Geschichten aus dem Leben des Hl. Benedikt* ausmalte. Rechts der Kirche der **Bischöfliche Palast** (13.-14. Jhdt.). Rund um die Kirche verläuft die von Michelangelo 1529 errichtete Festungsmauer.

Piazza Mino

Vom Viale dei Colli zweigt die **Via San Leonardo** ab, eine der idyllischsten ländlichen Straßen in der Umgebung von Florenz. Hinter den typischen Natursteinmauern winken Olivenzweige, und malerische Villen säumen die zuweilen sehr enge Straße. Etwa auf halber Höhe steht das romanische **Kirchlein San Leonardo in Arcetri**, in dem sich eine Marmorkanzel des 13. Jahrhunderts und Gemälde der toskanischen Schule des 14. Jahrhunderts befinden. Bevor die Straße an der **Porta San Giorgio** (1324) endet, betritt man links das Gelände des **Forte di Belvedere**. Der von Giovanni de'Medici und Bernardo Buontalenti 1590-95 errichtete Festungsbau besteht aus einem zentralen Gebäude und mächtigen Wällen, die ein herrliches Panorama der Stadt bieten. Im Palast finden regelmäßig Kunstausstellungen von internationalem Rang statt.

FIESOLE

Das freundliche Städtchen, in ungefähr acht Kilometern hoch über Florenz gelegen, wurde im 7. Jahrhundert v.Chr. von den Etruskern gegründet und drei Jahrhunderte später durch römische Truppen erobert. Nach dem Untergang des Imperiums war Fiesole bedeutender Bischofssitz. Im 12. Jahrhundert mußte es sich schließlich dem mächtigeren Florenz unterwerfen. Der Ort wurde bald zum Sommersitz wohlhabender Florentiner (auch die Medici hatten hier eine Villa), und seit dem 19. Jahrhundert ist Fiesole ein international beliebtes Reiseziel. Zentrum des Städtchens ist die weite **Piazza Mino** mit den wichtigsten öffentlichen Gebäuden. Der 1028 errichtete **Dom** erlebte mehrere Neubauten; in der **Cappella Salutati** finden sich Fresken

Römisches Theater

von Cosimo Rosselli und das *Grab des Bischofs Leonardo Salutati* von Mino da Fiesole (15.Jhdt.); am Hochaltar ein *Triptychon* von Bicci di Lorenzo (um 1440); in der romanischen Krypta Fresken von Benedetto di Nanni (15.Jhdt.), ein *Taufbrunnen* von Francesco del Tadda (16.Jhdt.) und der *Holzchor* von Andrea Corsini (14.Jhdt.). Im benachbarten **Bandini-Museum** sind interessante Terrakotten von Della Robbia, Werke von Taddeo Gaddi, Lorenzo Monavo und Jacopo del Sellaio zu sehen. Ebenfalls an der Piazza Mino der **Palazzo Pretorio** (15.Jhdt.). Unweit des Platzes liegt der Eingang zum **Römischen Theater** (1.Jhdt. n.Chr.), das noch heute für Sommerfestspiele benutzt wird. Auf dem Theatergelände befinden sich die Reste eines (vormals etruskischen, später römischen) Tempels und der Thermen. Im **Archäologischen Museum** sind Funde aus der Etrusker- und Römerzeit ausgestellt: Urnen aus Chiusi und Volterra, bemalte Stelen, griechische Vasen, Buccheri-Bronzestatuetten und Skulpturen. Auf der Piazza Mino steigt man rechts eine steile Gasse zur frühchristlichen **Kirche Sant'Alessandro** hinauf. Wenige Schritte höher liegen das **Kloster** und die **Kirche San Francesco**, erbaut im 14. - 15. Jhdt. Der gotische Innenraum ist einschiffig; den Hochaltar schmückt ein *Verkündigungsbild* von Raffaellino del Garbo (Anfang 16.Jhdt.); am zweiten Altar links *Madonna mit Heiligen* aus der Schule Peruginos, daneben eine *Unbefleckte Empfängnis* von Cosimo Rosselli; einmalig der intarsierte *Chor* des beginnenden 16. Jahrhunderts. Rechts von der Kirche betritt man den kleinen **Kreuzgang San Bernardino** (13.-14.Jhdt.). Auf halbem Weg zwischen Fiesole und Florenz liegt die **Kirche San Domenico**, im 15. Jahrhundert erbaut und im 17. Jahrhundert barockisiert; sehenswert dort: *Madonna mit Kind, Engeln und Heiligen* von Beato Angelico (um 1430).

Nützliche Hinweise

APOTHEKEN MIT NACHTDIENST
BIBLIOTHEKEN
CAMPINGPLÄTZE
CHINESISCHE RESTAURANTS
FLORENZ FÜR NACHTSCHWÄRMER
(BARS UND DISKOTHEKEN)
GOTTESDIENSTE IN ENGLISCHER SPRACHE
HOTELS
JUGENDHERBERGEN
KINO UND THEATER
KONSULATE
KRANKENHÄUSER
KREDITINSTITUTE
KRIEGSGRÄBERSTÄTTEN (II. WELTKRIEG)
MÄRKTE
MUSEEN UND GALLERIEN
PIZZERIEN
POSTDIENSTSTELLEN
PROTESTANTISCHE UND ANDERE
KIRCHLICHE EINRICHTUNGEN
REISEBÜROS
RESTAURANTS UND TRATTORIEN
TELEFONNUMMERN FÜR DEN NOTFALL
TOURIST-INFORMATION

NÜTZLICHE HINWEISE

Der letzte Teil des Führers enthält eine Liste nützlicher Hinweise auf Museen, Hotels, öffentliche und private Verkehrsmittel und diverse andere Tips für den Besucher von Florenz. Hinweisschilder entlang der wichtigen touristischen Besichtigungswege machen auf die bedeutenderen Denkmäler und Museen aufmerksam. -Allgemeiner Hinweis: das kleine r hinter den Hausnummern bedeutet rot. In Florenz haben die Geschäfte, im Gegensatz zu den Wohnhäusern, rote Hausnummern.

☏ TELEFONNUMMERN FÜR DEN NOTFALL

A.C.I. - Pannendienst	☎	116
A.T.A.F. - Stadt-Busse	☎	5650222
Abschleppdienst	☎	24861
Bahnhof (Zentrale)	☎	2351
Bahnhof (Zugauskunft)	☎	288785
Carabinieri	☎	112
Diensthabende Apotheken	☎	192
Feuerwehr	☎	115
Flughafen A.Vespucci	☎	373498
Flughafen G.Galilei (Pisa)	☎	050/500707
Gepäckdienst	☎	212319
Krankenwagen	☎	212222
Notdienst	☎	118
Straßenpolizei	☎	577777
Polizei	☎	113
Polizeipräsidium (Questura)	☎	49771
Post- Telekommunikation	☎	160
Städtische Polizei	☎	36911
Städtisches Fundbüro	☎	367943
Taxi	4390 - 4798 - 424 2 - 4386	
Verkehrservice	☎	4477
Zoll	☎	214316

⚲ VERLORENGEGANGENE GEGENSTÄNDE

Verlorengegangene Gegenstände können abgeholt werden bei dem Städtischen Fundbüro, Via Circondaria 19 (Tel.: 367943), im Polizeipräsidium (Questura, Tel.: 49771), bei den Carabinieri (Tel.: 112) und bei der Bahnpolizei (Tel.: 212296). Für Gegenstände, die im Taxi liegengelassen wurden, wende man sich an die Städtische Polizei oder an das Städtische Fundbüro.

ⓘ INFORMATIONEN FÜR TOURISTEN

Tourist-Information	☎	23320
APT Tourist	☎	290832
Hotel- und Gaststättenverband	☎	282893
S.O.S.-Tourist Florenz	☎	22760382

🏛 KONSULATE

Belgien - V. dei Servi, 28	☎	282094
Bolivien - V.Torre del Gallo	☎	220017
Chile - V. L. Alamanni, 25	☎	214131
Costa Rica - V. Giambologna	☎	573603
Dänemark - V. dei Servi, 13	☎	211007
Deutschland - L.no Vespucci	☎	294722
Finnland - V. Strozzi, 6	☎	293228
Frankreich - P.zza Ognissanti	☎	2302556
Großbritannien - L.no Corsini	☎	212594
Malta - V. dei Servi, 13	☎	217875
Mexico - V. Arte della Lana	☎	217831
Niederlande - V. Cavour, 81	☎	475249
Norwegen - V. G. Capponi, 26	☎	2479321
Österreich - V. dei Servi, 9	☎	2382008
Panama - V. Respighi, 8	☎	351493
Perù - V. della Mattonaia, 17	☎	2343345
San Marino - V. Roma, 3	☎	210864
Schweden - V. della Scala, 4	☎	2396865
Schweiz - P.le Galileo, 5	☎	222434
Spanien - V. G. La Pira, 21	☎	217110
Süd Afrika - P.zza Saltarelli, 1	☎	281863
Türkei - V. Nazionale, 7	☎	294893
Ungarn - V. Belgio, 2	☎	6531817
Venezuela - V .Giambologna	☎	588082
Vereinigte Staaten - L.no Vespucci	☎	294921

✚ NACHT-APOTHEKEN

Bargioni
V. G. Orsini, 107r ☎ 6811616
Codecà
V. Ginori, 50r ☎ 210849
Comunale N°5
P.zza dell'Isolotto, 5 ☎ 710293
Comunale N°6
V.le Calatafimi, 6r ☎ 600945
Comunale N°8
V.le Guidoni, 89r ☎ 415546
Del Galluzzo
V. Senese, 206r ☎ 2049217
Della Nave
P.zza delle Cure, 2r ☎ 573717
Di Rifredi
P.zza Dalmazia, 24r ☎ 4360800
Morelli
V. G. Orsini, 27r ☎ 6812145
Mungai
V. Starnina, 41 r ☎ 7398595
Paglicci
V. della Scala, 61r ☎ 215612
Paoletti
V. di Brozzi, 282a ☎ 317248

🕴 REISEBÜROS

Alijet Vacanze
V. G. Marconi, 18r ☎ 587620
Aliwest Travel
V. Paganini, 30/36 ☎ 4221201
Arno Agenzia Viaggi
P.zza Ottaviani, 7r ☎ 295251
Chiari Sommariva
B.go SS. Apostoli, 9 ☎ 295452
Cit Viaggi (S.r.l.)
V. Cavour, 56r ☎ 294307
Eyre & Humbert
V. Parione, 56r ☎ 2382251
Intertravel
V. Lamberti, 39/41r ☎ 217936
Newtours
V. G. Monaco, 20a ☎ 321155
Nobel Viaggi
B.go Ognissanti, 3r ☎ 288633
Statuto Viaggi
Piazza Muratori ☎ 470712
Universalturismo
V. degli Speziali, 7r ☎ 219873
Valtur
Via de' Vagellai, 3 ☎ 264402

⊕ KRANKENHÄUSER

Arcispedale S. M. Nuova
(Allgemeines Krankenhaus)
P.zza S. M. Nuova, 1 ☎ 27581
Istituto Ortopedico Toscano
(Orthopädie)
V.le Michelangiolo, 21 ☎ 65881
Ospedale Anna Meyer
(Kinderkrankenhaus)
V. L. Giordano, 13 ☎ 56621
Ospedale Careggi
(Allgemeines Krankenhaus)
V.le Morgagni, 85 ☎ 4277111
Ospedale nuovo S. Giovanni di Dio
(Allgemeines Krankenhaus)
Via Torregalli, 3 ☎ 71921
Ospedale S. M. Annunziata
(Allgemeines Krankenhaus)
V. dell'Antella (Antella) ☎ 64490

⌂ JUGENDHERBERGEN UND CAMPINGPLÄTZE

Campeggio Club Firenze
V.le Guidoni, 143 ☎ 419940
Campeggio Comunale
(Städtischer Campingplatz)
V.le Michelangiolo, 80 ☎ 6811977
Camping Villa Camerata
V.le Righi, 2/4 ☎ 600315
Camping Panoramico Fiesole
V. Peramonda, 1 ☎ 599069
Camping Poggio degli Uccellini
V. Campagna, 38 Bivigliano ☎ 406725
Ostello della Gioventù
(Jugendherberge)
V.le Righi, 2/4 ☎ 601451

MUSEEN und GALERIEN

Appartamenti Reali
Palazzo Pitti ☎ 210323
(Besichtigung nach Voranmeldung)
Brancacci-Kapelle
P.zza del Carmine ☎ 2382193
Werktags 10.00-16.30h, Sonn.-und
Feiertags 13.00-16.30h
Medici-Kapellen ☎ 23885
P.zza Madonna degli Aldobrandini
täglich 9.00-14.00h
Michelangelo-Haus (Casa Buonarroti)
V. Ghibellina, 70 ☎ 241752
täglich 9.30-13.30h
Dante-Haus (Casa di Dante)
V. S. Margherita, 1
Werktags 9.30-13.30h, Sonn.- und Feiertags
9.30-12.30h
Kreuzgang von Santa Maria Novella
P.zza S. M. Novella ☎ 282187
Werktags 9.00-14.00h, Sonn.- und Feiertags
8.00-14.00h
Uffizien
Loggiato degli Uffizi, 6 ☎ 23885
Werktags 9.00-19.00h, Sonn.- und Feiertags
9.00-14.00h
Galleria Palatina
Palazzo Pitti ☎ 2388611
Werktags 9.00-14.00h, Sonn.- und Feiertags
9.00-13.00h
Museum für Moderne Kunst
Palazzo Pitti ☎ 287096
täglich 9.00-14.00h
Galleria dell'Accademia
V. Ricasoli, 60 ☎ 23885
täglich 9.00-14.00h
Museum und Institut für Prähistorie
V. Sant'Egidio, 21 ☎ 295159
täglich 9.00-12.30h
Silbermuseum
Palazzo Pitti ☎ 212557
Museum Santa Croce
P.zza S. Croce, 16 ☎ 244619
Werktags 10.00-12.30h, Sonn.- und
Feiertags 15.00-17.00h
Dommuseum
P.zza Duomo, 9 ☎ 2302885
täglich 9.00-18.00h, an Sonn.- und
Feiertagen geschlossen
Historisches Museum "Florenz einst"
V.dell'Oriuolo, 4 ☎ 2398483
täglich 10.00- 13.00h

Museum für Anthropologie
V. del Proconsolo, 12 ☎ 2396449
täglich 9.00-13.00h
Museo Bardini e Galleria Corsi
P.zza de' Mozzi, 1 ☎ 2342427
Wektags 9.00-14.00h, Sonn.- und Feiertags
8.00-13.00h
Horne-Museum
V. de' Benci, 6 ☎ 244661
Werktags 9.00-13.00h, Sonn.- und Feiertags
geschlossen
Museo Nazionale del Bargello
V. del Proconsolo, 4 ☎ 23885
täglich 9.00-14.00h
Archäologisches Museum
V. della Colonna, 36 ☎ 2478641
täglich 9.00-14.00h
Museo Palazzo Davanzati
V. Porta Rossa, 13 ☎ 23885
täglich 9.00-14.00h
Museum San Marco
P.zza San Marco, 1 ☎ 23885
täglich 9.00-14.00h
Museo La Specola
(Naturwissenschaftliches Museum)
V. Romana, 17 ☎ 222451
Werktags 9.00-12.00h, Sonn.- und Feiertags
9.00-13.00h
Museo Marino Marini
P.zza San Pancrazio, 1 ☎ 219432
täglich 10.00-13.00h / 15.00-18.00h
Museo Stibbert
V. Stibbert, 26 ☎ 486049
Werktags 9.00-14.00h, Sonn.- und Feiertags
8.00-12.30h
Werkstatt für Halbedelsteine
V. degli Alfani, 78 ☎ 294115
täglich 9.00-13.00h
Botanischer Garten
V. Micheli, 3 ☎ 2757402
täglich 9.00-12.00h
Palazzo Vecchio e Quartieri Mon.
P.zza Signoria ☎ 2768465
Werktags 9.00-19.00h, Sonn.- und Feiertags
8.00-13.00h
Sammlung "A. della Ragione"
P.zza Signoria,5 ☎ 283078
Werktags 9.00-14.00h, Sonn.- und Feiertags
8.00-13.00h
Waisenhaus (Spedale degli Innocenti)
P.zza SS. Annunziata, 12 ☎ 2491708
Werktags 8.30-14.00h, Sonn.- und Feiertags
8.30-13.00h

🕆 PROTESTANTISCHE UND ANDERE KIRCHLICHE EINRICHTUNGEN

Anglikanische Kirche St.Marks
V. Maggio, 16 ☎ 294764
Sonntags 9.00h
American Episcopal Church
V. Rucellai, 9 ☎ 294417
Alle Gottesdienste in englischer Sprache
Jüdische Gemeinde
V. Farini, 4 ☎ 245252
täglich 9.00-13.30h
Adventisten
V. del Pergolino, 12 ☎ 287340
Heilsarmee
V. Aretina, 91 ☎ 660445
Sonntags 10.30h
Baptisten-Gemeinde
B.go Ognissanti, 6 ☎ 210537
Sonntags 10.30h
Evangelische Brüdergemeinde
V. della Vigna Vecchia 15/17 ☎ 217236
Sonntags 10.15h
Evangelisch-Lutherische-Gemeinde
L.no Torrigiani, 11 ☎ 2342775
Sonntags 10.00h
Evangelisch-Reformierte-Schweizergemeinde
L.no Torrigiani, 11 ☎ 225829
Evangelisch-Waldenser
V. Manzoni, 21 ☎ 2477800
Sonntags 10.30h
Methodisten
V. de' Benci, 9 ☎ 677462
Russisch-Orthodox
V. Leone X, 8 ☎ 490148
Hauptgottesdienste 10.30h

Gottesdienste in englischer Sprache:
Santa Maria del Fiore
Samstags 17.00h
Borgognissanti
Sonn.- und Feiertags 10.00h

✠ KRIEGSGRÄBERSTÄTTEN

Amerikanischer Militätfriedhof ☎ 2020020
-ungefähr 8 Kilometer südlich von Florenz in Richtung Siena liegend, in der Ortschaft Falciani. Geöffnet: Montag bis Freitag von 8.00-17.00h, Samstag von 9.30-17.00h
Deutscher Militätfriedhof ☎ 815248
Befindet sich in der Ortschaft Traversa - Passo della Futa, geöffnet täglich von 8.30-12.00h und von 14.00-19.00h

Süd-Afrikanischer Militätfriedhof von Castiglion dei Pepoli
-liegt ungefähr 48 Kilometer von Florenz entfernt in Richtung Bologna. Die Straße führt von Prato aus entlang dem Fluß Bisenzio; der Friedhof befindet sich linkerhand ca. 250 m vor dem Ortseingang Castiglion dei Pepoli.

💲 KREDITINSTITUTE

(Die Banken und Sparkassen sind von Montag bis Freitag in der Zeit von 8.20-13.20h und von 14.45-15.45h geöffnet.)
Abbey National Bank
V. le Matteotti, 33 ☎ 5001514
Banca C. Steinhauslin
V. Sassetti, 4 ☎ 27621
Banca Commerciale Italiana
V. Strozzi, 8 ☎ 27851
Banca d'America e d'Italia
V. Strozzi, 16r ☎ 27061
Banca d'Italia
V. dell'Oriuolo, 37/39 ☎ 24931
Banca Mercantile
P.zza Davanzati, 3 ☎ 27651
Banca Naz.del Lavoro
V. dei Cerretani, 6 ☎ 23301
Banca Naz. dell'Agricoltura
V. Ricasoli, 8b ☎ 264121
Banca Naz. delle Comunicazioni
Stazione FS S.M.N. ☎ 2381470
Banca Popolare di Novara
P.zza dell'Unità Italiana, 4 ☎ 292221
Banca Toscana
V. del Corso, 6 ☎ 287018
Banco di Napoli
V. Cavour, 20/22/24 ☎ 27021
Banco di Roma
V. Vecchietti, 5
Banco di Sicilia
Piazza della Repubblica, 1a ☎ 27901
Cassa di Risparmio di Firenze
V. Bufalini, 6 ☎ 26121
Credito Italiano
V. Vecchietti, 11 ☎ 27971
Ist. Bancario S. Paolo di Torino
V. Vecchietti, 22r ☎ 27591
Ist. Mobiliare Italiano
P.zza Savonarola, 22 ☎ 579486
Monte dei Paschi di Siena
V. dei Pecori, 6/8 ☎ 49711
Nuovo Banco Ambrosiano
V. Farina, 1 ☎ 2396623

◼ BIBLIOTHEKEN

Stadtbücherei
V. Sant'Egidio, 21 ☎ 282863
Montag - Freitag 9.00-19.00h
Bibliothek für Gartenbau
V. V. Emanuele II, 4 ☎ 486743
Montag - Samstag 15.00-19.30h
Biblioteca "P.Thouar"
V. Mazzetta, 10 ☎ 2398740
Montag - Samstag 14.30-19.30h
Biblioteca Mediceo-Laurenziana
P.zza San Lorenzo, 9 ☎ 210760
Montag - Samstag 8.00-14.00h
Gabinetto "G.P. Viesseux"
Palazzo Strozzi ☎ 288342
Montag - Samstag 9.00-13.00h
Biblioteca Marucelliana
V. Cavour, 43 ☎ 216243
Montag - Samstag 9.00-19.00h
Nationalbibliothek
P.zza Cavalleggeri, 1 ☎ 249191
Montag - Freitag 9.00-19.00h, Samstag 9.00-13.00h

🍇 MÄRKTE

Mercato Centrale di San Lorenzo
-hauptsächlich Lebensmittel
V. dell'Ariento
Mercato del Porcellino
-florentiner Kunstgewerbe
P.zza del Mercato Nuovo
Mercato delle Pulci
-hauptsächlich Antiquitäten
P.zza de' Ciompi
Mercato di Santo Spirito
-Flohmarkt
P.zza Santo Spirito
Mercato di Sant'Ambrogio
-hauptsächlich Lebensmittel
P.zza Lorenzo Ghiberti
Mercato delle Cascine
-Kleidung und Diverses
Parco delle Cascine

✉ POSTDIENSTSTELLEN

Hauptpost
Palazzo delle Poste, V. Pellicceria
Information ☎ 160

🛏 HOTELS

☆☆☆☆☆

Excelsior
P.zza Ognissanti, 3 ☎ 294301
Grand Hotel
P.zza Ognissanti, 1 ☎ 217400
Grand Hotel Villa Medici
V. il Prato, 42 ☎ 211132
Helvetia e Bristol
V. dei Pescioni, 2 ☎ 287814
Regency Umbria
P.zza M. D'Azeglio, 3 ☎ 245247
Savoy
P.zza della Repubblica, 7 ☎ 283313
Villa Cora
V.le Machiavelli, 18 ☎ 2298451

☆☆☆☆

Adriatico
V. M. Finiguerra, 9 ☎ 2381781
Anglo American
V. Garibaldi, 9 ☎ 282114
Augustus
Vicolo dell'Oro, 5 ☎ 283054
Baglioni
P.zza dell'Unità Italiana, 6 ☎ 23580
Bernini Palace
P.zza S. Firenze, 29 ☎ 288621
Continental
L.no Acciaiuoli, 2 ☎ 282392
De La Ville
P.zza Antinori, 1 ☎ 2381805
Della Signoria
V. delle Terme, 1 ☎ 214530
Executive
V. Curtatone, 5 ☎ 217451
Grand Hotel Minerva
P.zza S. M. Novella, 16 ☎ 284555
Jolly
P.zza V. Veneto, 4a ☎ 2770
Kraft
V. Solferino, 2 ☎ 284273
Lungarno
B.go San Jacopo, 14 ☎ 264211
Majestic
V. del Melarancio, 1 ☎ 264021
Starhotel Michelangelo
V.le F.lli Rosselli, 2 ☎ 2784
Montebello Splendid
V. Montebello, 60 ☎ 2398051

Nord Florence		**Embassy House**	
V. F. Baracca, 199a	☎ 431151	V. Nazionale, 23	☎ 2382266
Plaza Hotel Lucchesi		**Fleming Vivahotels**	
L.no Zecca Vecchia	☎ 26236	V.le Guidoni, 87	☎ 4376773
Principe		**Gioia**	
L.no A. Vespucci, 34	☎ 284848	V. Cavour, 25	☎ 282804
Queen Palace		**Goldoni**	
V. Solferino, 5	☎ 2396818	B.go Ognissanti, 8	☎ 284080
Rivoli		**Hermitage Hotel Pension**	
V. della Scala, 33	☎ 282853	Vc. Marzio, 1	☎ 287216
Sheraton		**Il Guelfo Bianco**	
V. G. Agnelli, 33	☎ 64901	V. Cavour, 29	☎ 288330
Ville sull'Arno		**Leonardo da Vinci**	
L.no C. Colombo, 1/3/5	☎ 670971	V. G. Monaco, 12	☎ 357751

☆☆☆

		Mediterraneo	
		L.no del Tempio, 44	☎ 660241
Alba		**Porta Rossa**	
V. della Scala, 22	☎ 282610	V. Porta Rossa, 19	☎ 287551
Ambasciatori		**Privilege**	
V. L. Alamanni, 3	☎ 287421	L.no Zecca Vecchia	☎ 2341221
Arizona		**Rex**	
V. Farini, 2	☎ 245321	V. Faenza, 6	☎ 210453
Ariele		**Royal**	
V. Magenta, 11	☎ 211509	V. delle Ruote, 52	☎ 483287
Auto Park Hotel		**Villa le Rondini**	
V. Valdegola, 1	☎ 431771	V. Bologese Vecchia, 224	☎ 400081
Balestri		**Villa Liberty**	
P.zza Mentana, 7	☎ 214743	V.le Michelangelo, 40	☎ 6810581

☆☆

Byron			
V. della Scala, 49	☎ 280852		
California		**Apollo**	
V. Ricasoli, 30	☎ 282753	V. Faenza, 77	☎ 284119
Capitol Vivahotels		**Archibusieri**	
V.le Amendola, 34	☎ 2343201	P.zza del Pesce	☎ 287216
Cavour		**Beatrice**	
V. del Proconsolo, 3	☎ 282461	V. Fiume, 11	☎ 2396137
City		**Casci**	
V. S. Antonino, 18	☎ 211543	V. Cavour, 13	☎ 211686
Classic		**Crocini**	
V.le Machiavelli, 25	☎ 229351	C.so Italia, 38	☎ 210171
Columbus		**Derby**	
L.no C. Colombo, 22a	☎ 677251	V. Nazionale, 35	☎ 219308
Cristallo		**Giselda**	
V. Cavour, 27	☎ 215375	V. L. Alamanni, 5	☎ 284617
Dante		**Kursaal**	
V. S. Cristofano, 2	☎ 241772	V. Nazionale, 24	☎ 496324
David		**La Pergola**	
V.le Michelangelo, 1	☎ 6811695	V. A delPollaiolo, 16	☎ 700896
De La Pace		**Nizza**	
V. Lamarmora, 28	☎ 577343	V. del Giglio, 5	☎ 2396897
Duomo		**Orcagna**	
P.zza Duomo, 1	☎ 219922	V. Orcagna, 57	☎ 669959

🕎 RESTAURANTS

Acqua al 2
V. della Vigna Vecchia, 40r ☎ 284170
Acquerello
V. Ghibellina, 156r ☎ 2340554
Al Lume di Candela
V. delle Terme, 23r ☎ 294566
Alfredo
V.le G. Don Minzoni, 3r ☎ 578291
Alfredo sull'Arno
V. dei Bardi, 46r ☎ 283808
Alle Murate
V. Ghibellina, 52r ☎ 240618
Antico Crespino
L.go E. Fermi, 14 ☎ 221155
Baccus
B.go Ognissanti, 45r ☎ 283714
Beatrice
V. del Proconsolo, 31r ☎ 2398123
Buca Mario
P.zza Ottaviani, 16r ☎ 214179
Cammillo
B.go S. Jacopo, 57r ☎ 212427
Cantinetta Antinori
P.zza Antinori, 3 ☎ 292234
Celestino
P.zza S. Felicita, 4r ☎ 2396574
Coco Lezzone
V. del Parioncino, 26r ☎ 287178
Dino
V. Ghibellina, 51r ☎ 241452
Don Chisciotte
V. C. Ridolfi, 4/6r ☎ 475430
Enoteca Pinchiorri
V. Ghibellina, 87 ☎ 242777
Harry's Bar
L.no A. Vespucci, 22r ☎ 2396700
Il Bargello
P.zza Signoria, 4r ☎ 214071
Il Cibreo
V. de' Macci, 118r ☎ 2341100
Il Fagiano
V. de' Neri, 57r ☎ 287876
Il Latini
V. dei Palchetti, 6r ☎ 210916
La Loggia
P.le Michelangelo, 1 ☎ 2342832
Le Rampe
V.le G. Poggi ☎ 6811891
Oliviero
V. delle Terme, 51r ☎ 212421

Il Barone di Porta Romana
V. Romana, 123r ☎ 220585
Osteria N° 1
V. del Moro, 22 ☎ 284897
Pepolino
V. C. F. Ferrucci, 16r ☎ 608905
Pallottino
V. Isola delle Stinche, 1r ☎ 289573
Perseus
V.le Don Minzoni, 10r ☎ 588226
Sabatini
V. Panzani, 9a ☎ 211559
Taverna del Bronzino
V. delle Ruote, 25r ☎ 495220
Vecchia Firenze
B.go degli Albizi, 18 ☎ 2340361

🍴 TRATTORIEN

Angiolino
V. S. Spirito, 36r ☎ 2398976
Antica Mescita San Niccolò
V. S. Niccolò, 60r ☎ 2342836
Belle Donne
V. delle Belle Donne, 16r ☎ 2382609
Bibe
V. delle Bagnese, 1r ☎ 2049085
Il Lorenzaccio
P.zza della Signoria, 34r ☎ 294553
La Baraonda
V. Ghibellina, 67r ☎ 2341171
La Beppa di Ricci & C.
V. dell'Erta Canina, 6r ☎ 2342742
Mastro Bulletta
V. Cento Stelle, 27r ☎ 571275
Palle D'Oro
V. Sant'Antonino, 43/45r ☎ 288383

⋞ CHINESISCHE RESTAURANTS

China Town
V. Vecchietti, 6/8/10r ☎ 294470
Fior di Loto
V. dei Servi, 35r ☎ 2398235
Il Mandarino
V. Condotta, 17r ☎ 2396130
Nuova Cina
P.zza S. M. Novella, 9/10/11 ☎ 215387
Peking
V. del Melarancio, 21r ☎ 282922

♫ FLORENZ FÜR NACHTSCHWÄRMER

Diskotheken

Full-up
V. della Vigna Vecchia, 21r ☎ 293006
Jackie O'
V. dell'Erta Canina, 24a ☎ 2342442
Kasar
L.no Colombo, 17 ☎ 666962
Meccanò Meccanò
V. degli Olmi, 1 ☎ 331371
Space Electronic
V. Palazzuolo, 37 ☎ 293082

⇟ PIZZERIEN

Borgo Antico
P.zza S. Spirito, 6r ☎ 210437
Danny Rock
V. Pandolfini, 13r ☎ 2340307
Dante
P.zza N.Sauro, 12r ☎ 293215
Edy House
P.zza Savonarola, 9r ☎ 588886
Hydra
V. Canto dei Nelli, 38r ☎ 218922
Il Crostino
V. Borghini, 9r ☎ 5001869
Italy & Italy
P.zza Stazione, 25r ☎ 282885
Nuti
B.go S. Lorenzo, 39r ☎ 210145
Yellow Bar
V. del Proconsolo, 39r ☎ 211766

☕ CAFES

Gilli
P.zza della Repubblica, 39r ☎ 2396310
Giubbe Rosse
P.zza della Repubblica, 13/14r ☎ 212280
Paszkowsky
P.zza della Repubblica, 6r ☎ 210236
Rivoire
P.zza Signoria, 5r ☎ 211302

▼ PIANO-BARS TREFFS-

Apollo Bar
V. dell' Ariento, 41r ☎ 219751
Cabiria Café
P.zza S. Spirito, 4r ☎ 215732
Dolce Vita
P.zza del Carmine, 6r ☎ 284595
Montecarla Club
V. dei Bardi, 2 ☎ 2340259
Il Rifrullo
V. San Niccolò, 53/57 ☎ 342621
Porfirio Rubirosa
V.le Strozzi, 38r ☎ 490965
Rose's
V. del Parione, 26r ☎ 287090

☻ KINO UND THEATER

Ariston - P.zza Ottaviani, 3r
Astra - V. Cerretani, 54r
Capitol - V. Castellani, 36r
Excelsior - V. Cerretani, 4r
Gambrinus - V. Brunelleschi, 1
Odeon - V. Sassetti, 1
Teatro Comunale - C.so Italia, 20
Teatro Comunale - V. Solferino, 15
Teatro della Pergola - V. Pergola, 12
Teatro Niccolini - V. Ricasoli, 5
Teatro Verdi - V. Ghibellina, 99

Neudruck 2005

© Copyright by Bonechi Edizioni "Il Turismo" S.r.l
Via G. Di Vittorio, 31 - 50145 FIRENZE
Tel. +39-055.37.57.39 / 34.24.527
Fax +39-055.37.47.01
e-mail: info@bonechionline.com
bbonechi@dada.it
Internet: www.bonechionline.com
Gedruckt in Italien
Alle Rechte vorbehalten

Korrektur: Lorena Lazzari
Lay-out: Claudia Baggiani
Umschlag: Paola Rufino
Zeichnung auf Seite 91: Ombretta Dinelli und Marco Nestucci
Schwarz-weiß-Zeichnungen: Patrick Hamilton
Fotos: Bonechi Edizioni "Il Turismo" S.r.l. Archives
Fotolithographie: Fotolito Immagine, Florenz
Druck: Petruzzi Stampa, Città di Castello (PG)
ISBN 88-7204-288-7

Wir danken den Architekten Ombretta Dinelli und Marco Nestucci für die freundliche und kostenlose Bereitstellung der Abbildung auf Seite 91